THIERRY LUTHERS

SOUVENIRS SOUVENIRS

THIERRY
LUTHERS

SOUVENIRS SOUVENIRS

lucpire
éditions

Éditions Luc Pire [Renaissance SA]
Drève Richelle, 159 – 1410 Waterloo
www.editionslucpire.be
Éditions Luc Pire
@editionsrl

Thierry Luthers – Souvenirs, souvenirs
Édition : Anne Delandmeter
Correction : Stéphanie Dubois
Couverture et mise en pages : Martine d'Andrimont | Artifice Concept
Photo de couverture : © Martin Godfroid
Achevé d'imprimer en avril 2022 par l'imprimerie Colorix, Bulgarie.

ISBN : 978-2-87542-262-0
Dépôt légal : D/2022/12.379/03

Préface

Historien, journaliste et commentateur sportif, présentateur d'émissions de divertissements, véritable encyclopédie vivante du cinéma français, chroniqueur, chanteur, et même taphophile compulsif, n'en jetez plus, la coupe de ses mondes est pleine. Personne ne cataloguera jamais Thierry Luthers, ne le compartimentera dans une case comme il est de bon ton de le faire dans cette société de l'image et du spectacle qui veut que l'on choisisse un et un seul créneau. Thierry est un touche-à-tout investi: dans l'écriture, les analyses, les hommages chantés à son idole Johnny Hallyday; il donnera autant d'attention pour ficeler un reportage sur les arcanes du monde footballistique belge qu'à compiler en 1'32" une biographie express d'une gymnaste roumaine des années 1980. Thierry fouille, pointille, méticule, Thierry tatillonne parfois, mais Thierry rend l'information sérieuse plus légère et l'information plus légère, sérieuse. Thierry est un curieux de tout et incurieux de rien; avec lui, les conversations se muent en joutes d'un Trivial Pursuit imaginaire dont il espère toujours avoir le dernier mot pour nous fermer nos boîtes à camemberts. Et haut gradé, Thierry gagne toujours, triomphe de la culture, général! Mais Thierry n'est pas qu'une encyclopédie qui régurgite, Thierry crée des choses. Parce qu'il est animé de desseins artistiques. Le propre d'un artiste n'est pas d'avoir du style, mais d'avoir un style. Car oui, Thierry ne peut pas s'en défendre, il est d'abord et avant tout un artiste. Il en possède toutes les caractéristiques. L'écrivain-poète Léon-Paul Fargue disait: « L'artiste contient l'intellectuel, la réciproque est rarement vraie. » Oui, rarement, mais Thierry nous prouve qu'elle existe, cette réciprocité. Thierry a l'œil, goguenard parfois, mais sûr tout le temps. Il a le don d'observation de l'artiste, en commentant un obscur Standard-Anderlecht de bas de classement ou un vibrant Charleroi-Zulte Waregem de haut de classement (c'est du football belge, il n'y a plus rien à y comprendre), ou un lumineux hommage à Jean-Paul Belmondo. C'est notre Stéphane Bern jovial, dont l'organe vascularisé (je parle de sa langue...) concourra plus à nous donner du bonheur auditif qu'à lécher les culs des monarques dans des salons de l'autosatisfaction. Dès lors, préfacer les mémoires de Thierry, c'est être accolé à tous les pans de sa vie, et c'est redoutablement écrasant ! Il aurait pu choisir un collègue de longue date, un ami très intime, une relation amoureuse, même, qui sait, mais non, c'est à moi qu'échoit l'insigne honneur de poser les premiers mots dans son recueil de souvenirs, souvenirs ! Certes, la demande n'est pas innocente, je le sais bien qu'il y aura vu une démarche commerciale extrêmement bien manigancée puisque sachant que mon nom apparaîtra en quatrième de couverture, il en vendra dix fois plus, de ses bouquins, mais ça me touche très fort quand même ! Connaissant sa passion pour les gens (certes, surtout les gens au cimetière, mais les gens tout de même !), il aurait pu titrer ce livre *Mes mémoires d'Outre-Tombe*, tant ses châteaux furent brillants. Mais il n'y a pas plus vivant que Thierry pour gouailler sur ses nombreux petits bijoux mémoriels que vous prendrez un plaisir fou à découvrir ici. La truculence de son propos transformera aussitôt l'anecdote banale en histoire centrale d'un récit que lui seul peut nous fantasmer. Thierry sait faire d'une rencontre un moment que l'on n'oubliera pas, et c'est encore et toujours le signe d'un artiste en perpétuelle quête de vérité et de soif d'apprendre. Et apprendre avec lui, c'est l'assurance, d'abord, de parader dans les dîners mondains en déclamant à la cantonade que le célèbre botaniste gantois Charles Jacques Édouard Morren (2 décembre 1833-28 février 1886) est inhumé au cimetière de Robermont, 46 rue de Herve à Liège, et surtout, de rire, beaucoup, encore, de tout ! Et de rires, parlons-en, et épanchons-nous sur le sien, et développons ! D'abord collègue radiophonique sur les ondes de Vivacité dans la matinale du 8/9 pendant plusieurs années, sa verve et son rire asthmatico-tonitruant m'avaient tellement plu qu'il n'était pas question qu'il ne m'accompagnât pas à la table de mes convives pour l'émission Le Grand Cactus. Thierry aura été le premier nom de ma liste, et il aura confirmé (et confirme encore) son statut chaque quinzaine où ses fous rires susnommés déchirent le plateau de l'émission pour notre éternel bonheur à tous, comédiens et téléspectateurs, depuis plus de sept années déjà ! Rien que pour cela, je te le dis, Thierry, merci d'être notre Pierre Tchernia, et à mes souhaits ! Je ne souhaite qu'une chose, c'est que ce recueil (j'allais écrire « cercueil ») ne soit que le premier d'une longue série tant il y aura encore beaucoup d'anecdotes à raconter à partir de cette minute précise. Je te sais désormais statutairement à la retraite, mais en tant qu'amoureux des mots, tu sais très bien que le mot « retraite » est l'anagramme de « réitérât » !

Jérôme de Warzée

Introduction

Écrire ses mémoires, c'est en quelque sorte une manière officielle de raconter sa vie. Mais cela peut aussi vite devenir un peu pompeux, voire même un peu prétentieux. Au terme de ces quarante-deux ans de carrière à la RTBF, j'ai donc préféré épingler quelques beaux souvenirs parsemés de belles émotions, de jolies rencontres et de moments forts.

Tout au long de ces décennies, j'ai eu la chance de connaître plusieurs vies professionnelles. Tour à tour animateur de radio, présentateur de télévision, producteur, chroniqueur radio et TV, journaliste, historien du sport, documentariste d'investigation. J'ai eu ainsi la possibilité d'explorer les méandres de nombreuses disciplines différentes. Ma formation d'historien m'a souvent été utile. Notamment pour ce qui est de la méthodologie et la culture générale. J'ai toujours considéré que le journaliste était l'historien du présent. Et que l'historien était le journaliste du passé. Tout au long de ma carrière, j'ai tout donné à la RTBF, comme un fidèle serviteur du service public. Souvent même au détriment de ma vie privée. Tellement ce boulot est prenant, passionnant, mais aussi, et surtout, chronophage. La RTBF me l'a-t-elle rendu? Je ne le sais pas. En tout cas, la question mérite d'être posée. Mais, à l'heure du bilan, loin de moi l'idée de «cracher dans la soupe», même si l'institution a bien changé ces dernières années. Depuis 1980, j'ai vu défiler quelques administrateurs généraux successifs à la tête de la RTBF. Ils y ont connu des fortunes diverses. Moi aussi d'ailleurs! Une seule fois, dans ce long parcours, j'ai envoyé un mail à mon grand patron. Pour une petite requête. Mais il n'a même pas daigné me répondre ! J'ai compris, alors, que je n'étais qu'un numéro, perdu dans la masse des employés. La notoriété et la popularité demeurent des notions fragiles, toutes relatives, et certainement éphémères. *Sic transit gloria mundi*, « Ainsi passe la gloire du monde », disait-on, jadis, lors de l'intronisation d'un nouveau pape au Vatican. Mais cette notoriété parfois bien agréable n'offre pas que des avantages. Elle a même été parfois difficile à vivre. Surtout quand je présentais des émissions très populaires comme Copie conforme. À l'époque, je sortais beaucoup... et j'étais souvent le dernier à rentrer. Me jetant ainsi littéralement dans la gueule du loup. Et devenant, fréquemment, la cible de l'agressivité de ceux qui, comme moi, se perdaient dans les dangereux effluves de l'alcool. En devenant journaliste, j'ai acquis une sorte de légitimité, je dirais même de respectabilité. J'ai toujours essayé de faire mon métier honnêtement et je pense que la plupart des gens l'ont bien compris. Évidemment, il y a, et il y aura toujours, la catégorie des frustrés, des grognons et des aigris qui ont trouvé désormais leur terrain de défoulement sur les réseaux sociaux. Mais je dois dire que, même à cet égard, j'ai été relativement épargné.

À l'heure de jeter un large coup d'œil dans le rétroviseur, j'espère que vous prendrez beaucoup de plaisir à partager tous ces souvenirs avec moi.

CHAPITRE 1
DE LA MÉLODIE DU BONHEUR À POIL DE CAROTTE

Quand on plonge dans ses souvenirs, il est de coutume d'évoquer, d'abord, son enfance ou son adolescence. Je ne dérogerai donc pas à la règle. Mais permettez-moi de le faire par un prisme particulier, celui d'une brève, mais intense, carrière artistique que je dois surtout au «flair» de ma chère mère! Elle avait senti, très tôt, que mon frère Philippe et moi avions certaines dispositions pour l'art de la parole. Dès lors, ni une ni deux: inscription commune aux cours de diction, puis de déclamation et d'art dramatique à l'Académie royale Grétry de Liège. J'ai à peine 11 ans à l'époque.

Madame Mawet en diction, le délicieux José Brouwers (né, comme moi, un 26 mars), son ex-épouse Christiane Eppe en art dramatique: autant de professeurs de cette période qui m'ont durablement marqué. Puis survient le premier coup de théâtre... Le Théâtre royal de Liège, plus précisément, le siège de l'Opéra royal de Wallonie (ORW). À l'époque, l'Opéra royal de Wallonie passe une petite annonce: il cherche quatorze enfants ou adolescents pour jouer dans la création mondiale sur scène, en français, de *La Mélodie du bonheur*. Il s'agit de chanter, de danser et de donner quelques répliques. À mon plus grand plaisir, je passe sans encombre les différentes étapes du casting. Et plus de cent cinquante gosses se sont présentés !

C'est un événement artistique de première importance. Nous sommes alors en 1973. Huit ans plus tôt, le monde entier, ou presque, a vu la version cinématographique de *La Mélodie du bonheur* réalisée par le grand cinéaste Robert Wise – à qui on doit aussi *West Side Story*, une autre grande comédie musicale – avec la pétillante Julie «Mary Poppins» Andrews dans le rôle principal, celui de Maria. *La Mélodie du bonheur* ou l'histoire de cette apprentie religieuse, Maria Rainer, qui tombe amoureuse du capitaine von Trapp... et sous le charme de ses sept enfants. Au cinéma, *Sound of Music* (le titre original) avait trusté les récompenses et battu tous les records au *box-office*. Mais on en avait presque oublié que la comédie musicale avait d'abord été jouée sur scène, à Broadway, lors de sa création en 1959. Pour ce spectacle de fin d'année, l'ORW, dirigé alors par le bouillant Rochefortois Raymond Rossius, avait mis les petits plats dans les grands. Et la compagnie lyrique liégeoise avait réuni une belle brochette d'artistes français et belges, sous la double baguette du regretté Robert Bléser, sympathique et inamovible chef d'orchestre du «Royal» (comme on dit à Liège), et de Paul Glover, metteur en scène américain et chorégraphe de renom. Glover n'avait-il pas travaillé avec le grand Bob Fosse (le réalisateur du film *Cabaret* avec Liza Minnelli) aux États-Unis? Un personnage tout à fait étonnant que ce Paul Glover: maigre comme une trique, grillant cigarette sur cigarette et rendant tous les soirs un hommage appuyé à Johnnie Walker à la terrasse de son hôtel, situé juste derrière l'opéra. Mais aussi, et surtout, un vrai professionnel d'une grande exigence.

Pendant trois mois, les deux équipes d'enfants (la distribution avait été doublée pour éviter de trop grandes fatigues) ont travaillé d'arrache-pied : le chant, la danse, le texte. Le menu était copieux. L'apprentissage de la valse pour une scène clef de la pièce ne fut pas une partie de plaisir pour moi ! À vrai dire, je n'étais pas très doué pour la danse ! J'entends encore, comme si c'était hier, la voix et les conseils de Paul Glover, par ailleurs incapable de prononcer correctement mon prénom. « Jerry, Jerry, non, non, non, *love*. Le rythme, c'est 1-2-3, 2-2-3 », le tout avec un délicieux accent américain.

Les sept enfants de la fameuse famille von Trapp ont une part prépondérante dans ce spectacle. Et leur entrée en scène est très attendue par le public. Cela se passe sur le fameux « Do-Re-Mi », une chanson qui a fait le tour du monde. Personnellement, j'interprétais le rôle de Friedrich, 14 ans, le fils aîné de la tribu familiale. Soit exactement mon âge à l'époque ! Dès la première du spectacle, au début des vacances de Noël, le résultat a été conforme aux attentes. En l'espace de quelques mois, des représentations triomphales sont données à travers toute la Wallonie, de Mons à Spa, en passant par Liège, Verviers, Namur ou Charleroi avant une nouvelle programmation à la rentrée de la saison 74-75.

Cette première expérience artistique devait me marquer profondément. La magie de la scène, le public qui ne réagit jamais de la même manière d'un soir à l'autre, les rencontres avec les artistes, le fait de devoir étudier pour mes examens de Noël dans la salle de l'opéra entre deux répétitions, autant de souvenirs inoubliables ! Parmi les comédiens, un pensionnaire de l'ORW m'a marqué plus que les autres : le sympathique Hubert Meens, qui jouait le rôle de l'oncle Max. Il était parfois facétieux avec ses partenaires. Par exemple, dans une scène de la pièce, il prenait le thé avec le capitaine von Trapp et la baronne Elsa Schraeder, que le capitaine est sur le point d'épouser. Et chaque soir, Hubert va remplir, à ses frais, la théière à la cafétéria du théâtre. Il en a un peu marre d'être, à chaque représentation, le dindon de la farce. Comme la baronne est quasiment aussi insupportable à la scène qu'à la ville, il décide, un soir, de lui jouer un tour pendable. Et il nous met dans la confidence : cette fois, ce n'est pas du thé que contiendra la théière, mais de la soupe aux pois ! Des coulisses, nous observons la réaction en scène de la comédienne qui joue le rôle de la prétentieuse baronne. Lorsqu'elle porte la tasse de thé à ses lèvres pour boire, elle fait un rictus de dégoût et recrache aussitôt une partie du contenu. Nous éclatons de rire. Hubert se prendra une note de service pour cette plaisanterie très modérément appréciée de sa partenaire. Oncle Max était parfois aussi un peu distrait en représentation. À un moment donné, il devait rassembler les enfants sur scène pour former une petite chorale. Mais un soir, au lieu de nous appeler par nos noms de scène « Lisel, Friedrich, Martha », il nous appela par nos vrais prénoms, « Mireille, Thierry, Nathalie » ! Pris d'un énorme fou rire, nous ne parvenions plus à émettre la moindre note ! Je m'en souviens comme si c'était hier. Aujourd'hui encore, je suis resté en relation avec Hubert via Facebook. Dans mon cœur, il restera à jamais mon « oncle Max » !

Deux ans plus tard, incroyable, je découvre le cinéma ! Le réalisateur hutois Jean-Marie Degèsves préparait alors son premier long métrage avec la belle Marie Dubois en *guest-star*. Marie

Dubois, c'est cette actrice qui jouait le rôle de la fille du guignol et dont Bourvil tombe amoureux dans *La Grande Vadrouille*. Jean-Marie Degèsves cherchait des adolescents pour jouer plusieurs scènes de comédie. Le scénario était initialement intitulé *Un bain froid en été*, quelque part à mi-chemin entre *La Guerre des boutons* et *Le Blé en herbe*. Le cinéaste était passé en repérages dans quelques établissements de la région liégeoise, dont l'athénée de Chênée où j'étais élève en humanités. Et après avoir passé les castings, me voilà engagé pour le rôle de Jean Laruelle, le chef de la bande qui ennuie sans cesse Fernand, le personnage central du film. Un film dont le titre était devenu entre-temps *Du bout des lèvres*. Bref, je devais interpréter une sorte de *bad boy*! Dois-je préciser que cette perspective me portait d'allégresse? J'adore les rôles de composition...

Le rôle de Fernand était interprété par le jeune et beau Olivier de Saedeleer, qui deviendra plus tard pilote de ligne à la Sabena. Je l'ai recroisé un soir dans la fameuse discothèque du Mirano, haut lieu des nuits bruxelloises... et je ne l'ai pas reconnu! Dès le début du tournage, Olivier, à peine un peu plus âgé que moi, se confie à moi. Il est totalement tétanisé à l'idée de devoir jouer quelques jours plus tard des scènes d'amour assez intimes avec Marie Dubois. En effet, la fin du film racontait son dépucelage par une jolie bourgeoise d'âge mûr. Dans le scénario, la maman de Fernand était femme de ménage dans la belle résidence secondaire du Brabant wallon où vit le personnage de Madame Boirin, jouée par la comédienne française. Moi aussi en pleine puberté, je comprenais parfaitement les émois d'Olivier... tout en étant très impatient de découvrir les scènes à l'écran! Je ne fus point déçu: Marie Dubois était vraiment très belle et l'affiche du film avait déjà suggéré fortement cette scène un peu érotique...

Nous avons tourné pendant un petit mois, au cours de l'été 1975, dans le Brabant wallon. Ce furent des vacances vraiment extraordinaires au rythme de « L'Été indien », le tube de Joe Dassin, qui passait tout le temps à la radio. C'était aussi une période de découverte artistique pour moi, le passionné de septième art. Comme on pouvait s'y attendre, le tournage d'un long métrage est, avant tout, l'école de la patience vu le nombre impressionnant de prises qui doivent être effectuées. Nous sommes restés plusieurs jours dans les sous-bois d'Ohain pour une mémorable séquence de *strip-poker* qui ne dure que quelques minutes à l'écran. En face de moi, en soutien-gorge, la sculpturale comédienne Martine Regnier, fille du scénariste Greg, le père d'Achille Talon en bande dessinée. Et, de l'autre côté, également en petite tenue, la jolie Nathalie Clausse, qui n'est autre que la fille de Robert Stéphane (Robert Clausse de son vrai nom), mon futur administrateur général à la RTBF ! À un moment donné, le notaire du village et père de Martine dans le film déboule comme un fou furieux dans les sous-bois et met fin brutalement à ces « galipettes ». Pour ce rôle, Degèsves avait choisi un comédien du théâtre dialectal de la région : Valmy Féaux, futur gouverneur du Brabant wallon, mais aussi ministre de tutelle de la RTBF à la Communauté française. Décidément, le monde est bien petit ! Nous avons aussi tourné quelques jours sur la grande place de la commune de Plancenoit, devant l'église et devant le cimetière, un lieu prédestiné pour moi ! J'y suis récemment retourné, à l'occasion d'une conférence donnée dans la région. Quarante-cinq ans après le tournage, rien ou presque n'avait changé ! Même pas les chaises de l'église ! J'ai été pris d'une grosse bouffée d'émotion.

La première projection de *Du bout des lèvres* a eu lieu au Festival international du film de Bruxelles en janvier 1976. J'étais fier comme Artaban d'y avoir été invité. C'était un peu mon festival de Cannes à moi après tout! La projection commence et, au bout de vingt-cinq minutes, la salle se rallume déjà! Je revois encore la silhouette élancée de Dimitri Balachoff, fondateur et co-président du festival, monter sur scène pour prendre le micro. Il nous annonce qu'il y a une alerte à la bombe et que nous devons évacuer la salle du Palais des Beaux-Arts dans le calme! Tout le monde sort… pour revenir vingt minutes plus tard. C'était évidemment un canular de très mauvais goût, mais la magie de la projection avait été rompue. On avait déjà connu meilleur début de parcours! Le film a toutefois connu un très joli succès commercial pour un long métrage belge de fiction. Si vous le voyez aujourd'hui (il est disponible en DVD), bonne chance pour me reconnaître: j'avais 16 ans, j'étais très mince et je n'avais pas encore totalement mué!

Quand *Du bout des lèvres* est sorti à Liège, je me suis rendu avec une bande de copains au cinéma Le Normandie, dans le centre-ville. C'est la salle où ont été projetés tous les derniers films de mon idole Louis de Funès, donc ce n'est pas rien! L'ouvreuse siégeait alors dans une sorte de cockpit futuriste, à l'avant du cinéma. Je lui ai demandé, tout de go, si je pouvais entrer gratuitement puisque je jouais dans le film. J'avais d'ailleurs, pour le prouver, un article de *Ciné Revue* reprenant la distribution. Je revois cette dame blonde me répondre du tac au tac: «Oui, c'est cela et moi je suis la reine d'Angleterre!» Avant de demander, dans la foulée, les cartes d'identité de tous les membres du groupe puisque le film était interdit aux moins de 16 ans! Certains de mes amis, qui n'avaient pas l'âge requis, sont restés sur le carreau et n'ont jamais pu entrer. Et j'ai finalement dû payer ma place pour revoir le film.

Après la comédie musicale, après le cinéma, place au théâtre ! José Brouwers était non seulement mon professeur, il était aussi le directeur du dynamique Théâtre Arlequin, charmante « bonbonnière » située près de l'église Saint-Christophe, à Liège. Une compagnie théâtrale très célèbre en Cité ardente. Et José me fait un cadeau somptueux en me confiant le rôle de Poil de Carotte, dans la pièce éponyme de Jules Renard. J'ai l'âge du rôle, 16 ans, ce qui est très rare. En effet, Poil de Carotte a souvent été interprété par des comédiens plus âgés, voire même par des comédiennes travesties ! Et, lors de la création à la Comédie française à Paris, la pièce avait, déjà, un petit accent liégeois, puisque c'est la grande comédienne liégeoise Berthe Bovy qui jouait le rôle de madame Lepic, la mère acariâtre de cet adolescent roux et mal dans sa peau. *Poil de Carotte*, c'est une pièce très dure, mais brillante sur les relations difficiles entre un enfant et sa mère. Un enfant qui trouve un peu de complicité, un peu plus de chaleur humaine auprès de son père. Une pièce en un acte, assez courte et dense, mais avec beaucoup de texte pour le personnage principal puisque Poil de Carotte est en scène de la première à la dernière minute ! Heureusement, j'ai toujours été doté d'une excellente mémoire. Pas de problème donc pour le texte à retenir. En revanche, c'est plus difficile pour moi de bouger en scène : je suis parfois un peu « raide ». Je mesure déjà 1 m 80 et je suis très mince, parfois mal à l'aise avec mon corps d'adolescent. *Poil de Carotte*, nous l'avons joué à maintes reprises, y compris lors de nombreuses matinées scolaires. Des représentations où le public n'est pas toujours attentif ni discipliné. Un jour, dans un établissement de Herve, les jeunes spectateurs sont très dissipés. C'est bien simple, ils ne nous écoutent même plus. Leur brouhaha couvre même partiellement nos répliques. On a alors utilisé une vieille technique théâtrale : jouer en parlant beaucoup plus bas, mais cela n'a pas bien fonctionné. À l'issue de la représentation, le comédien qui jouait mon père était tellement furibard qu'il avait refusé de venir saluer. Il s'est fait alors copieusement enguirlander par José Brouwers, par ailleurs metteur en scène du spectacle. « Au théâtre, on salue, quoi qu'il arrive ! », lui a-t-il vertement lancé.

Par un joli clin d'œil de l'histoire, je retrouvai la pièce de Jules Renard quelques mois plus tard, dans une version radiophonique. C'est le brillant journaliste Robert Louis qui avait mis la pièce en ondes pour en faire un feuilleton radio. Cette fois, je jouais le rôle du grand frère, Félix, Poil de Carotte étant interprété par Michel Saint-Remi, qui n'était autre que mon petit frère, Kurt, dans *La Mélodie du bonheur*, deux ans plus tôt. Joyeuses retrouvailles ! Michel a, lui aussi, connu une petite carrière artistique avant de devenir avocat.

Je devais encore rejouer par deux fois au Théâtre Arlequin tout en ayant achevé, entre-temps, mon cursus à l'Académie Grétry avec deux médailles du gouvernement à la clef. On me rappela pour le rôle de Thibault l'Agnelet dans *La Farce de Maître Pathelin* aux côtés du comédien liégeois Alex Tasset qui, sur scène, faisait parfois plus du Louis de Funès que du Maître Pathelin ! Puis, en 1989, on a monté un cabaret liégeois intitulé *Billets fous*, en référence à l'émission de télévision Billets doux que je présentais à l'époque. J'apportais quelques idées de gags et de calembours sur la vie liégeoise et José Brouwers, toujours lui, transposait ensuite nos petits délires dans un texte fluide et agréable. Mon partenaire était André Brévers, un charmant garçon et un excellent comédien, diplômé du Conservatoire de Liège, mais qui n'avait, hélas, aucune mémoire. Sur scène, André avait disposé des antisèches partout où il pouvait, sur le moindre élément de décor ou sur n'importe quel accessoire ! Mais, dans le premier sketch, nous étions assis face au public pendant douze minutes ! Nous jouions en effet le rôle de deux commères qui passaient toute l'actualité liégeoise en revue. Un jour, André a connu un terrible trou de mémoire. Il m'a regardé avec un petit sourire, l'air de dire : « Et qu'est-ce qu'on fait maintenant ? » J'ai failli en rester sans voix. Puis je me suis rapidement raccroché à une réplique que j'avais heureusement visualisée dans le texte et nous sommes repartis dans le sketch... finalement bien plus court que prévu puisque nous avions sauté trois pages de texte ! C'était par ailleurs une période difficile pour moi. En 1989, j'avais des problèmes dans ma vie privée, mais, tous les week-ends, il fallait bien faire rire le public de l'Arlequin ! C'est là que j'ai vraiment bien compris le sens de l'expression *The Show Must Go On*.

Dans ma mémoire, cette parenthèse artistique de quelques années demeure, à jamais, liée à une belle période d'insouciance : celle de l'adolescence. Celle des premiers émois amoureux. Celle des premières « guindailles » aussi dans le fameux Carré festif de Liège. Tout cela avait été bien agréable, mais, au fond de moi-même, je savais que je ne deviendrais jamais un comédien professionnel. Le journalisme sportif m'attirait déjà beaucoup. Pourtant, par les hasards de la vie, j'allais d'abord connaître une autre carrière à la télévision.

CHAPITRE 2
DU PAIN ET DES JEUX

Ma grande aventure à la RTBF devait commencer en août 1980. Je suis étudiant en histoire à l'université et je passe un casting à la RTBF-Liège. Je déniche tout d'abord un contrat pour un mois de piges en tant qu'animateur de l'émission radio Liège-Matin, le décrochage régional. Au début, cela se passait dans un studio mobile, installé place Saint-Lambert. L'année 1980 marquait en effet le millième anniversaire de la Principauté de Liège. Toute une série de manifestations artistiques et culturelles avait jalonné cette année commémorative. La RTBF-Liège, elle, sortait de ses murs du Palais des Congrès pour s'installer au cœur du cœur de la Cité ardente. Willy Lesur, tour à tour animateur, chroniqueur et journaliste, avait été mon parrain. Un homme affable et professionnel que je salue. Je nous vois encore, début août, les techniciens, Willy et moi, à 6 h 30 du matin sur cette place Saint-Lambert quasiment déserte. Alors que la place Rouge, elle, comme vous le savez, était vide... Je me souviens même que le premier disque que j'avais lancé sur antenne était « Les Sud-Américaines » interprété par Michel Fugain. Oui, je sais, il m'arrive de retenir un tas de choses inutiles qui encombrent parfois mon disque dur !

À l'époque, Liège-Matin était une véritable institution, rassemblant quotidiennement des centaines de milliers d'auditeurs. Les radios libres n'existaient pas encore et RTL, la principale station concurrente, n'avait pas encore lancé son décrochage régional. Mon frère Philippe avait bâti sa renommée et construit son savoir-faire en animant cette émission Liège-Matin pendant plusieurs années, avec beaucoup de brio et d'enthousiasme, tout en apportant un ton nouveau dans l'animation. Mais revenons-en à mes débuts. Quelques jours plus tard, à la rentrée de septembre, je me retrouvais cette fois dans un casting à la RTBF-Bruxelles. J'étais toujours étudiant en Histoire mais, déjà, ma future carrière professionnelle se dessinait. Je franchissais les différentes étapes du casting avec succès et, vu les thèmes abordés dans les interviews imposées, je pensais qu'on allait me confier les rênes d'une émission de variétés. À ma grande surprise, pour ne pas dire stupéfaction, je me suis retrouvé à la présentation de l'émission Allegro con Stéréo, en direct sur la Deux, une émission de musique classique un peu calquée sur le modèle du Grand Échiquier de Jacques Chancel. J'allais y recevoir quelques personnalités musicales de tout premier plan. À commencer par le bandonéoniste et compositeur argentin Astor Piazzolla. La veille, je vais le voir en concert à Louvain-la-Neuve pour mieux m'imprégner de cette musique lancinante et envoûtante. À l'entrée de la salle, des étudiants distribuaient des tracts accusant Piazzolla d'être un suppôt du régime militaire argentin ! Bonjour l'ambiance ! Dans l'émission suivante, je recevais la virtuose japonaise Yuzuko Horigome, récente première lauréate du Concours Reine Élisabeth de violon. Avec, dans la foulée, une interview en direct et en anglais ! L'exercice était périlleux pour ne pas dire casse-gueule, si vous me passez l'expression. J'avais 21 ans, mon anglais était assez moyen et, à vrai dire, j'avais très peu de connaissances dans ce domaine musical. Mais la RTBF voulait absolument un jeune présentateur-vulgarisateur pour lancer ce nouveau programme et j'avais, semble-t-il, le profil requis. Lors de la première émission, j'avais interviewé le corniste de l'orchestre symphonique de la RTBF et, dans le stress, je l'avais appelé erronément... choriste. Le lendemain, Robert Wangermée, alors administrateur général de la RTBF, mais surtout éminent musicologue, avait écrit au producteur de l'émission, Georges Dumortier, le futur présentateur de l'émission Jeunes Solistes, en lui demandant si j'étais vraiment bien la personne indiquée pour présenter ce genre d'émission. Même une bonne critique dans *La Libre Belgique* (qui qualifiait ma présentation de «rafraîchissante») ne parvenait pas à me consoler. Étant d'un naturel plutôt anxieux, tout cela me tracassait un peu. «Ah! Les beaux débuts», comme dirait l'autre. Si ce satané corniste de l'orchestre de la RTBF ne m'avait pas repris en direct, mon petit lapsus serait sans doute passé inaperçu. Mais tout cela n'était pas bien grave. Et cela m'aura permis de vous rappeler qu'à l'époque, la RTBF disposait d'un orchestre. Comme le Titanic, ajoutaient alors les méchantes langues.

Ce délicat baptême du feu en musique classique ne durera finalement que quelques mois. Assez rapidement, je passe un nouveau casting à Reyers. J'y croise Philippe Soreil, qui partira bientôt sur RTL avant de finir sa carrière à la RTBF. Et c'est à ce moment-là que je fais la rencontre d'une personne très importante pour la suite de ma carrière : Pierre Meyer. Déjà connu comme producteur à succès d'émissions comme Follies, Pierre Meyer venait de reprendre la direction du service

Jeux et variétés au sein du département Divertissement de la RTBF. Il fourmillait d'idées et de projets. Dont celui de lancer un jeu quotidien à la télévision sur une thématique particulièrement dans l'air du temps, celle des jeux vidéo qui cartonnaient à l'époque. Lors de la rentrée automnale de 1981, RTL proposa le jeu quotidien Léo contre tous. À la RTBF, ce sera Micro Défi. Meyer me choisit pour l'animer et j'en suis très heureux. C'est plus dans mes cordes qu'une émission de musique classique quand même ! Cette émission, je l'ai présentée près de 1100 fois, pendant six saisons. Chaque lundi, on enregistrait sept ou huit émissions. Je devais prendre mon train à 18 heures à Liège et, pour ce faire, quitter prématurément mon cours d'histoire du Moyen Âge. À chaque fois, je tentais de m'éclipser discrètement de l'auditoire tout en faisant un petit signe discret au professeur Joiris. Qui, à chaque fois, lançait immanquablement à la cantonade : « Oui, oui, Luthers, allez-y. Allez faire vos petites conneries à la RTBF ! » Mais je l'aimais bien, monsieur Joiris. Lui, le vieux socialiste, qui m'a même fait passer un examen un jour de grève...

J'ai continué à animer ce jeu durant la période de mon service militaire, en 1984. Faut dire que la caserne Fonck, à Liège, n'était pas l'endroit le plus éloigné pour un appelé sous les drapeaux. Mais j'avais quand même souffert le martyre pendant un mois lors de l'instruction particulièrement spartiate à Vielsalm, chez les Chasseurs ardennais. Dont, pour rappel, la devise est « Résiste et mords ». OK mais se retrouver à ramper dans la boue à 25 ans quand vous êtes marié et universitaire, ce n'est quand même pas évident...

Micro Défi était diffusé tous les soirs à 18h45, l'heure du souper pour de nombreux téléspectateurs belges. C'est ce qu'on appelle dans le métier l'*access prime-time*, le programme d'avant-soirée avant le journal télévisé. Micro Défi prenait place au cœur du talk-show Plein Jeu, présenté par Arlette Vincent, qui nous a quittés en octobre 2021, et la marionnette Chandel, avec la voix du pétillant comédien Alain Perpète. Pour certains nostalgiques de la «télévision de papa», Micro Défi est devenu un peu «culte». D'anciens candidats, comme mon collègue et néanmoins ami Frédéric Deborsu (qui a même retrouvé une photo pour preuve de son passage), m'en parlent encore. Généralement, je ne les reconnais évidemment pas. Le temps a fait son œuvre et cela ne nous rajeunit pas. Quand on revoit cette émission aujourd'hui, on a un peu le sentiment de regarder un jeu de la télévision soviétique des années 1970, tellement c'est lent et figé. On se demande même pourquoi il y avait des porteurs de câbles en studio puisque les caméras ne bougeaient quasiment pas! Mais j'apprenais mon métier de présentateur et Pierre Meyer était un excellent coach. Il m'a inculqué les notions d'exigence et de rigueur dans le travail. Je lui en suis reconnaissant aujourd'hui encore.

Tout s'est alors, très vite, enchaîné. Au printemps 1985, juste après ma démobilisation, j'entrais de plain-pied à la RTBF. Avec, pour commencer, la préparation du Grain de Sable, un jeu estival du dimanche soir, sans prétention, opposant deux équipes parrainées, chacune, par un artiste. Au programme: toute une série de petits jeux de réflexion, de mémoire, d'adresse ou de culture générale, mais dans une ambiance décontractée et avec un décor de plage. Cela ne volait pas très haut, certes, mais c'était sympa. Je m'impliquais déjà dans l'élaboration d'une émission télévisée, ce qui est passionnant lorsque vous partez d'une page blanche. C'est l'aspect créatif du projet. De son côté, Pierre Meyer gérait les budgets, les équipes techniques, les rapports avec la hiérarchie. Quant à moi, je travaillais beaucoup sur la conception des jeux. Souvent avec le réalisateur Jean-Louis Colmant, un homme étonnant avec plein de souvenirs professionnels, d'une générosité et d'une gentillesse extraordinaires. Mais surtout, je devais contacter les artistes, en direct ou via leurs imprésarios. Je disposais, pour ce faire, du *Guide du show-business français*, un objet très précieux... Par fax, j'avais contacté Jean Carmet, un de mes comédiens préférés. Il m'avait répondu par une lettre manuscrite qu'il n'était pas disponible cet été-là. Hélas, j'ai égaré cette émouvante missive lors d'un changement de bureau sur le site de Reyers...

Un travail de longue haleine par ailleurs que cette recherche d'invités. Avec une obsession quasi permanente: remplir les cases du planning affiché, devant moi, sur le mur. Trouver deux artistes par émission, coûte que coûte. Mener des négociations avec les agents, régler les réservations de trains, d'hôtels, un vrai travail d'assistant de production. Mais le résultat sera plutôt satisfaisant. Louis Velle, Jean Piat, Georges Descrières (Arsène Lupin à la télévision), Sim, Annie Cordy, Jacques Balutin, Daniel Prévost, Gérard Hernandez, Micheline Dax, Roger Carel (un des «as» du doublage), Michel Constantin (pas le «client» le plus facile, car il prenait le jeu très – trop – au sérieux après s'être montré très pointilleux pour son cachet!), Pierre Doris, Claire Maurier, Patrick Préjean, Marie Dubois (que j'avais finalement à peine croisée sur le tournage du film *Du bout des lèvres*) ou le très charmant Jean-Pierre Darras défilèrent dans ce programme diffusé en *prime-time*. Je continuais à apprendre mon métier d'animateur, mais, cette fois, dans une formule plus complexe. Avec des invités, des hôtesses, des groupes de candidats, des chanteurs aussi comme Dave, Francis Lalanne, C. Jérôme, Gérard Lenorman ou Herbert Léonard. Bref des plateaux plutôt animés. Les chiffres d'audience étaient encourageants, mais le meilleur restait à venir.

J'effectuais ensuite un bref passage comme assistant de production dans l'émission L'Esprit de famille, un jeu dominical animé par Philippe Geluck et qui devait recueillir un joli succès populaire. Mon rôle, dans l'ombre, était surtout de préparer les jeux avec mon collègue et ami Didier Bailoux. Et, à nouveau, de contacter les chanteurs pour l'émission. Je ne suis resté que quelques mois sur L'Esprit de famille, mais j'y ai fait une rencontre exceptionnelle. Lors d'un enregistrement, j'eus en effet l'insigne honneur d'accueillir une de mes idoles: le sprinter noir américain Carl Lewis, immense champion à l'époque. En fait, Lewis découvrait un tout autre univers que l'athlétisme, car il venait pour promotionner son premier 45 tours «Break It Up», un single produit par le Belge Eddy Luyckx, lequel n'en était pas à son coup d'essai après avoir signé des productions discographiques avec Shirley Bassey, Anthony Quinn ou Alain Delon! Mais quel était son secret pour attirer autant de «stars» dans notre petit pays? Dans l'émission, on présentait aussi le clip de la chanson «Break It Up». Il avait été tourné dans une salle de fitness. Avec, aux côtés de Carl Lewis, une figurante plutôt inattendue: la présentatrice de Visa pour le monde, Paule Herreman, en maillot de bain dans une scène finale un peu coquine! Je vous recommande ce grand moment musical, c'est délicieusement «kitchissime».

Carl Lewis était vraiment tout perdu sur le plateau. C'était la toute première émission de variétés de sa vie. Quant à moi, j'étais assez impressionné. «King Carl» a toujours été un de mes sportifs préférés, alliant la grâce au panache. Deux ans plus tôt, il avait réalisé le fantastique «quadruplé en or» aux Jeux olympiques de Los Angeles. Le même exploit que l'athlète noir américain Jesse Owens, quarante-huit ans plus tôt, sous les yeux médusés d'Hitler à Berlin: 100 m, 200 m, 4 x 100 m et saut en longueur. J'ai recroisé Carl Lewis lors de l'une ou l'autre grande compétition d'athlétisme où il était invité, coach ou consultant. Mais impossible de l'approcher ni même, *a fortiori*, de l'interviewer. Il était devenu vraiment inaccessible, forcément entouré de gardes du corps, comme toute grande star qui se respecte.

Billets doux

En janvier 1986 commençait l'aventure de Billets doux, une émission un peu injustement oubliée, selon moi. Peut-être est-ce dû au titre de l'émission qui était un peu banal, convenons-en. Billets doux était un concept hybride de jeux et de variétés, conçu en partenariat avec la Loterie nationale. Le genre d'émissions alors très en vogue à la télévision. Les candidats pouvaient gagner gros, très gros même: jusqu'à un million de francs belges par émission, une somme très importante pour l'époque. À chaque émission, la Loterie nationale offrait aussi une voiture aux téléspectateurs. Du très lourd, donc. Côté variétés, l'émission accueillait tout le gratin de la chanson française. Charles Aznavour, en personne, a été le parrain de cette émission. Cela donne le ton. Il avait chanté quatre titres de son dernier album et s'était montré particulièrement agréable lors de l'interview alors que, franchement, j'avais quelques craintes. Mais il y a des réputations parfois injustifiées. Aznavour est repassé plusieurs années plus tard dans un autre Billets doux pour la promotion du film belge *Il maestro*, de Marion Hänsel. Et il se souvenait très bien d'avoir participé à la première de la série. Cela m'avait vraiment fait plaisir. Dans cette même émission inaugurale, le plateau était aussi composé de Maurane, d'Alain Chamfort et des Rita Mitsouko avec leur dernier tube « C'est comme ça », sorti juste après le formidable « Marcia Baïla ». La chanteuse du groupe Catherine Ringer – elle portait des lunettes sans verre, je ne l'oublierai jamais – était venue saluer Charles Aznavour avant l'émission. Nous étions alors assis dans les gradins pour bien préparer l'interview. Ringer le complimente pour sa carrière et Aznavour la remercie. Elle s'en va et « Aznav » se retourne vers son imprésario, assis derrière nous, et lui lance : « Rappelle-moi, c'est qui encore ? »

Toujours bien reçus, toujours bien traités, les artistes français adoraient venir faire leur promo en Belgique. En l'espace de deux jours, certains d'entre eux rencontraient même les frères Luthers puisque, la même semaine, Philippe présentait aussi l'émission de variétés Cœur et pique, au Palais des Congrès de Liège. Au fil des mois, tous les plus grands de la chanson française ont défilé dans le défunt studio 6 du site de Reyers pour les enregistrements en public de Billets doux. De Jean-Jacques Goldman à Claude Nougaro en passant par Julien Clerc, Jeanne Mas, Alain Souchon, Laurent Voulzy, Elsa, Gold, Véronique Sanson, Serge Gainsbourg, Niagara, Demis

Roussos, Patrick Bruel, Sacha Distel, Dave, Marc Lavoine, Sheila, Nino Ferrer, Enrico Macias, Pierre Perret, Yves Duteil, Gilbert Montagné, Maxime Le Forestier, Francis Cabrel, Michel Fugain, Marlène Jobert (qui ne voulait pas se faire photographier étant sous contrat exclusif avec une agence), la princesse Stéphanie de Monaco (avec des gardes du corps aux quatre coins du studio) ou encore Étienne Daho que je devais recevoir plusieurs fois. Tous sauf Johnny Hallyday qui n'aura, au final, pas fait une seule émission télévisée dans un studio belge. Sans oublier aussi des vedettes étrangères comme le trio espagnol Mecano qui cartonnait alors avec la chanson « Hijo de la Luna » ou encore la ravissante chanteuse italienne Sabrina et son « Boys, boys, boys ». Et, bien sûr, de nombreux artistes belges comme Adamo, Sandra Kim, Frédéric François, Viktor Lazlo, Lio, Axelle Red, Claude Barzotti, Philippe Swan, Maurane, Plastic Bertrand, Philippe Lafontaine, mon vieux pote Lou Deprijck ou encore Pierre Rapsat. Des artistes qui, au fil des années, devaient devenir de très bons copains, voire des amis pour certains d'entre eux. Entre les chansons, il y avait aussi les jeux pour les six candidats : six au départ, un seul à l'arrivée. Il devait répondre correctement à six questions, dans une ambiance à suspense, pour pouvoir décrocher la cagnotte. À l'époque, le mélange de jeux et de variétés fonctionnait de manière harmonieuse. Quand Jeanne Mas est venue à Billets doux, le thème de l'émission (et donc le fil rouge des différents jeux) était celui des inventions. Pendant l'émission, je lui demande ce qui représente, à ses yeux, l'invention la plus importante de l'histoire de l'humanité. Elle me regarde droit dans les yeux, esquisse un léger sourire et me répond du tac au tac : le préservatif. J'avoue avoir piqué un léger fard. Il y avait aussi une tradition dans Billets doux. Les artistes devaient brasser des billets de loterie dans une grande vasque, afin de tirer au sort le gagnant du jeu des téléspectateurs. Sacha Distel était mon invité. À la répétition, je l'emmène près de la vasque et je lui dis: «Vas-y Sacha, touille!» Je suis certain que mon calembour va faire effet. Distel demeure pourtant imperturbable. «Cela ne vous fait pas rire?», lui demandai-je. «Non, pas tellement.» «C'est dommage, car je comptais le faire ce soir lors de l'enregistrement.» «Je ne préférerais pas», conclut le beau Sacha.

Ce fut encore plus tendu avec Claude Nougaro. Nous sommes aux répétitions. Il venait de chanter «Vive l'Alexandrin», un extrait de l'album *Pacifique*, celui qui a suivi *Nougayork* lors de son triomphal *come-back*. Le chanteur toulousain arrive dans la zone d'interview. On lui a mis un haut tabouret en face de moi, c'était la mode à l'époque. Mais c'était surtout une erreur vu sa petite taille. Et je vois tout de suite que cela le gêne. Il est perturbé et préfère rester debout. Je lui lance «Claude Nougaro, bienvenue à Billets doux!» Et j'ajoute fièrement: «C'est un alexandrin», pensant ainsi être parfaitement raccord avec le titre qu'il venait d'interpréter. «Non», me répond-il. Un peu vexé, je réplique: «Mais si, c'est un vers à douze pieds.» «Non, vous ne connaissez rien en poésie. Votre césure n'est pas à l'hémistiche.» J'avais en effet un vers déséquilibré de cinq et sept pieds plutôt que de six et six pieds avec la coupure au milieu du vers, comme le veut la règle poétique. Il avait raison. Mais comme il devient soudainement un peu plus agressif, je pense immédiatement au conseil de mon vieil ami Raymond Arets: «Quand quelqu'un t'agresse, tu le regardes fixement dans les yeux et tu lui demandes: "Oui, mais la santé, ça va?" Parce que la santé, c'est vraiment ça l'essentiel. Le reste...»

Arets m'avait toujours dit que cela avait le don de dérouter l'adversaire et de désamorcer une tension. Et, en effet, je vois mon chanteur toulousain complètement interloqué et le cameraman dans mon axe tanguer avec sa caméra, tellement il rigole. Merci, Raymond, cela a marché ! Si la répétition a été désastreuse, l'interview du soir lors de l'enregistrement sera, elle, impeccable. Nougaro était un grand professionnel et je n'ai plus commis la moindre erreur. C'était aussi un très grand artiste que j'appréciais beaucoup et je n'aurais pas aimé rester sur un ridicule malentendu avec lui.

Trois rencontres m'ont particulièrement marqué pendant cette période Billets doux: celles de Jean-Jacques Goldman, de Serge Gainsbourg et de Raymond Devos. On le sait, l'interview télévisée n'est pas l'exercice préféré de Jean-Jacques Goldman. J'avais donc mis un soin particulier à préparer mon entretien avec l'immense auteur-compositeur-interprète. J'avais lu à fond sa dernière biographie et écouté attentivement son dernier (double) album intitulé *Entre gris clair et gris foncé*. Même à mon époque d'animateur-présentateur, le journaliste sommeillait déjà en moi. En plateau, Goldman, qui cartonnait partout, avait notamment interprété « Il changeait la vie ». Arrive le moment de l'interview, juste après la chanson. Pour l'accueillir, je lui dis d'emblée: « Ce qui est sympa dans cette chanson, c'est que, dans le troisième couplet, vous rendez hommage à votre saxophoniste » (à savoir Prof Pinpin). Et Goldman de me répondre du tac au tac: « Je n'ai pas de saxophoniste ! ». En l'espace d'un instant, je vois le studio s'écrouler et je vis un grand moment de solitude devant les 350 spectateurs. L'émission a beau ne pas être en direct, c'est plutôt gênant. Puis, il ajoute avec un petit sourire malicieux:

« Les musiciens ne m'appartiennent pas. » Subtil et élégant à la fois. Et un grand « ouf » de soulagement pour moi... Je n'avais donc pas commis d'erreur...

La rencontre avec Serge Gainsbourg, elle, peut être qualifiée de surréaliste et demeure franchement inoubliable. Quelques mois avant son décès, sa maison de disques sort l'intégrale de son œuvre dans une série de coffrets CD. On est alors en pleine période « Gainsbarre ». Le jeune public découvre, sur le tard, ce génie de la chanson française qui triomphe partout, y compris en tournée. Léo Quoilin, le charmant réalisateur de Billets doux, avait eu la bonne idée de prévoir une interview dans la régie du studio 6. Cela permettait, notamment, de diffuser des extraits d'anciennes émissions ou des extraits de concerts récents, comme celui du Casino de Paris. Léo avait notamment exhumé un programme intitulé « Format 16-20 » et réalisé par la RTB en 1964. Une vraie perle où l'on voyait Gainsbourg chanter, entre autres, « La Javanaise » (avec le couple de comédiens Jean-Pierre Cassel/Valérie Lagrange dansant le slow !) ou encore « Lætitia ». Comme l'artiste n'avait jamais revu cette émission, il s'est montré assez étonné puis ému au moment de la diffusion de ces images. Mais, reprenons du début. La régie n'était pas prête techniquement pour l'enregistrement. Je me suis alors retrouvé avec Gainsbourg, fidèle à sa légende, dans un petit salon VIP pendant une heure. J'ai en face de moi un homme mal rasé, peu coiffé, avec une chemise kaki sous un veston et pieds nus dans ses pompes blanches en plein hiver ! Gainsbarre quoi ! On a bu deux bouteilles de champagne, on a fumé des clopes et on a discuté quasiment comme de vieux amis. En allumant une énième cigarette, il me regarde et lâche soudainement : « Je devrais arrêter de fumer, mon médecin ne cesse de me le répéter.» Quand je pense que cette confession date de quatorze mois avant l'annonce de sa disparition, cela me rend encore plus triste. En fait, ce moment m'a paru hors du temps. C'était impensable, improbable. Puis, le régisseur nous appelle. Le studio est prêt. Nous montons au premier étage pour vingt-cinq minutes d'entretien très agréables. On parle chanson, bien sûr, mais aussi de *Stan the Flasher*, le dernier film qu'il a réalisé. À l'issue de l'interview, il me regarde et me tape du poing sur l'épaule en me disant: «Hé, mon p'tit gars, t'es relax, toi!» Cela demeure, et de loin, le plus beau compliment de ma carrière! Le lendemain, on reçoit sa compagne Bambou qui vient chanter dans l'émission. Par politesse, je lui demande si monsieur Gainsbourg a bien dormi. Je crois me souvenir de sa réponse: «La nuit a été difficile.» Depuis sa disparition en mars 1991, je me suis souvent recueilli devant sa tombe au cimetière du Montparnasse, dans le sud de Paris. Et, en regardant les tickets de métro, les mégots de cigarette et les feuilles de chou qui jonchent en permanence sa sépulture, je me surprends à sourire... Et je repense à notre brève, mais intense, rencontre...

En revanche, l'interview de Raymond Devos, elle, a véritablement tourné au fiasco. L'idée de fixer cette interview juste après une de ses représentations au Passage 44 à Bruxelles était déjà, en soi, le prototype de la fausse bonne idée. Car l'artiste était littéralement épuisé après une performance scénique. J'avais pensé entamer l'entretien sur le mode absurde, en phase avec l'humour de ce comique génial. J'en avais parlé à son attachée de presse Françoise et elle avait trouvé cela très bien. Bref. Une fois le spectacle terminé, je me retrouve face à un Raymond Devos, dégoulinant et en peignoir. L'équipe est prête, l'interview commence et me voilà lui lançant: «Raymond Devos, bonjour. On rêve tous un jour de rencontrer son idole et d'aborder une personnalité exceptionnelle. Alors, quel effet cela vous fait d'être interviewé par moi?» Un Silence. Long. Pesant. Une éternité. Un siècle. Il finit par me répondre: «Vous êtes plutôt sympathique.» Mais mon effet est raté et la suite de l'entretien est assez tendue. J'essaye encore de faire l'un ou l'autre trait d'humour, en vain. Rien n'y fait: il met soudainement un terme à l'interview après trois minutes. On recommence. Et on tombe alors dans un schéma ultra-classique de questions-réponses assez convenues, sans la moindre originalité. Après l'entretien, l'attachée de presse vient près de moi pour me reprocher vertement ma première question. Décidément, je serai toujours halluciné par la mauvaise foi de l'être humain… Et Raymond Devos confiera ensuite à ses proches: «L'humoriste, c'est moi…»

Notez qu'il y a eu un autre couac dans l'histoire de Billets doux. Cette histoire concerne l'humoriste Pierre Palmade. Je l'avais rencontré lors de virées nocturnes à Liège et on avait assez vite sympathisé. Il vivait alors son succès à du cent à l'heure, voire même plus. Je lui avais demandé une faveur: venir faire un sketch sur le plateau de l'émission. Il faut savoir que les humoristes n'aiment pas du tout jouer des sketches sur les plateaux TV pour une raison pratique: la présence des caméras entre eux et le public, qui se retrouve, dès lors, trop loin pour bien réagir. Mais j'avais rassuré Palmade en lui expliquant qu'on enregistrerait son sketch avec un public d'étudiants universitaires bruxellois, recrutés, par voie de valves, par notre régisseur, et massés autour d'un plateau spécialement aménagé pour lui. Tout se prépare donc comme prévu et nous voici, un mardi après-midi, dans le fameux studio 6 avec Pierre Palmade, le jeune public et moi. Il avait même accepté d'interpréter, à ma demande, « Le scrabble », un sketch célèbre qui me faisait pleurer de rire. Léo Quoilin donne le top départ et on démarre l'enregistrement. Les premiers rires fusent rapidement, naturellement. Après moins de deux minutes, on entend des coups de marteau derrière le décor et deux machinos qui discutent à voix haute. Ils ne savent pas qu'on enregistre une séquence ! Je fonds littéralement sur place. Palmade s'arrête net et me foudroie du regard pour me demander ce qui se passe. C'est la cata ! Je dois le convaincre de recommencer. Il accepte du bout des lèvres. Professionnel, il va au bout de la seconde prise, mais quelque chose s'est cassé dans son élan et l'interprétation n'est plus vraiment la même... Bienvenue, parfois, à la RTBF !

Quelques années auparavant, pour le jeu Le Grain de Sable, j'avais envoyé une liste d'accessoires à la personne en charge de cela. Dans cette liste d'objets figurait notamment une orange. L'accessoiriste revient le lendemain et me dit : « Je ne t'ai pas trouvé une orange alors je t'ai mis une mandarine, je suppose que cela fera l'affaire. » Sauf que comme indice pour retrouver un souverain des Pays-Bas dans un jeu, cela changeait tout. On connaît la maison d'Orange... pas la maison de Mandarine ! Bienvenue, parfois, à la RTBF (bis).

Copie conforme

Gérard Valet, célèbre animateur radio de la RTBF à l'époque, avait eu l'idée de réaliser une émission sur le phénomène des sosies. Il est vrai que c'est un univers très particulier où certaines personnes sont guettées par une forme un peu inquiétante de schizophrénie et se prennent réellement pour la star à laquelle elles ressemblent, peu ou prou. Valet en avait parlé à Pierre Meyer et nous avons alors lancé cette aventure sous la forme d'un jeu télévisé, quasiment à la sauvette, pour l'été 1988. Le titre, Copie conforme, s'était imposé d'emblée. Nous n'avions guère de budget et assez peu de temps. Un décor assez «kitsch» a été fabriqué et, moi-même, je présentais le show avec de vieux smokings et de gros nœuds papillon du plus mauvais goût. Dans mon esprit, tout était au second degré. Certains ne l'ont pas compris de la sorte, hélas. Et des critiques ont fusé. Mais le public, lui, a suivi. Diffusé tous les dimanches soir à 20 heures, le programme a très vite vu ses audiences s'envoler, s'enflammer même. Une semaine, on a même battu le score du journal télévisé de la RTBF ! Du jamais vu ! Historique ! Le lendemain, dans une critique assassine, le quotidien *Le Soir* avait titré «Copie conforme, télé qu'on ferme !». Georges Konen, le sympathique directeur de la télévision, était plus embêté par le papier de la journaliste Dominique Legrand que réjoui par l'audience exceptionnelle. Bizarre... Personnellement, je n'en avais cure. L'émission a continué à cartonner tout l'été et elle a été rapidement programmée pour la rentrée de septembre. Le concept l'emportait donc sur les moyens. Une bonne leçon pour tous les créateurs de programmes télévisés. En réalité, les téléspectateurs s'amusaient de voir en action les sosies de Michel Sardou, du pape Jean-Paul II (en réalité un libraire bruxellois), Jacques Bredael, Salvador Dalí (alias le truculent peintre liégeois Raymond Julin), Sean Connery, Liz Taylor, Ronald Reagan, Mylène Farmer, Johnny, bien sûr, Michel Lecomte, le coach néerlandais de Malines Aad de Mos, Victor Lanoux, Sélim Sasson (incarné par un sénateur socialiste flamand), Georges Michaël, Cher, Liza Minnelli ou encore Gérard Lanvin. Certains ne ressemblaient guère à leurs originaux, mais qu'importe. On les prenait quand même après des castings mémorables, propices à de nombreux fous rires. C'était la recherche du «fun» avant tout. Un jour, un candidat prénommé Maurice se présente au casting. En réalité, c'est un comédien. Il a tenu le rôle de monsieur Groseille dans *La Vie est un long fleuve tranquille*, le film d'Étienne Chatiliez. Il nous dit ressembler à Nino Ferrer. Moi, je trouvais qu'il ressemblait davantage à Kirk Douglas. Dès lors, la production tranche: il chantera «Le Sud», mais en tenue de Spartacus! Du grand n'importe quoi! On a même fait le coup du «faux vrai sosie» avec Roger Laboureur et Salvatore Adamo qui se sont prêtés à la supercherie. Avec autant de talent que de gentillesse. Notamment dans des séquences tournées en caméra cachée. Lesquelles fonctionnaient parfois très bien. C'est ainsi qu'en compagnie du truculent réalisateur Jacques Vernel, un vrai *Brusseleer* celui-là, nous avions même piégé le grand Maurice Béjart lui-même. Avec une fausse Mireille Mathieu dans les loges du Palais des Beaux-Arts de Bruxelles! Le chorégraphe marseillais a dû longtemps se demander si c'était la vraie Mireille (qu'il connaissait pourtant bien) ou son sosie qui était venu le saluer!

Un jour, j'invite Claude Criquielion dans le jury. Il vient de prendre sa retraite. J'ai toujours eu beaucoup de respect et d'admiration pour ce grand champion cycliste, bien trop tôt disparu. Claudy est super sympa et l'idée de se retrouver dans une émission de divertissement le réjouit. Je lui présente un autre membre du jury, le comédien Maurice Risch, partenaire récurrent de Louis de Funès à l'écran. Criquielion est aux anges. Après l'émission, on part boire quelques bonnes bières dans un bel établissement de la Grand-Place de Bruxelles. Claudy a une bonne petite descente (normal pour un ancien cycliste), mais il regarde souvent sa montre, car il a un peu peur de se faire enguirlander par son épouse s'il rentre trop tard dans son fief de Deux-Acren, en province de Hainaut. Le lendemain de l'enregistrement, je lui téléphone pour prendre de ses nouvelles. Pour justifier son retour tardif, il avait expliqué à madame qu'on avait un peu traîné à la buvette de la RTBF. Adorable, à son image…

L'émission a continué à plaire au public et, assez rapidement, Pierre Meyer a vendu le concept aux télévisions suisse et canadienne. Nous nous sommes alors retrouvés dans une formule de coproduction, ce qui signifiait aussi des moyens financiers accrus. Je coprésentais alors avec la charmante Suissesse Lolita Morena, ex-Miss Suisse et animatrice vedette de la télévision helvétique. Un jour, elle me dit que son fiancé viendra le lendemain de Milan pour assister à l'émission dans les coulisses. Et elle ajoute: « Tu le connais peut-être, c'est un footballeur. » Qui n'était autre finalement que… Lothar Matthäus, lequel jouait à l'époque à l'Inter. Tu parles que je le connaissais ! Ni plus ni moins qu'une véritable star du foot mondial ! Une aubaine pour moi, grand amateur de football et fan de longue date de la Mannschaft, l'équipe nationale allemande ! Avec mon « nouvel ami » Lothar, on a papoté foot «relax» l'après-midi entre deux répétitions (je me débrouille assez bien en allemand) et il a même accepté une interview pour mon collègue de *La Dernière Heure/Les Sports* en préface d'un proche Belgique-Allemagne. Mais, le soir, son attitude était beaucoup plus crispée: il avait une frousse bleue que le public l'aperçoive.

Outre des jurés récurrents (avec la pétillante Soda pour la Belgique, le brillant Jean-Charles Simon pour la Suisse et le comédien Ghyslain Tremblay pour le Canada), l'émission Copie conforme accueillait aussi de belles personnalités pour présider notre jury. Comme Annie Cordy, Micheline Dax, Pierre Mondy, Francis Perrin, Jacques Villeret ou encore l'extraordinaire Darry Cowl qui, dans les coulisses, cherchait un piano pour faire ses gammes et du pastis pour l'apéro. Copie conforme a été, sans conteste, mon plus grand succès populaire. Quasi un phénomène de société. En rue, dans le taxi, au bistrot, dans les magasins, dans les fêtes de famille, impossible de passer inaperçu: tout le monde m'en parlait tout le temps, donnant son avis sur l'un ou l'autre sosie. C'était sympathique, mais un peu fatigant à la longue. La production a décidé d'arrêter au sommet de la courbe d'audience pour ne pas faire la saison de trop. D'autant que la qualité des sosies commençait à s'essouffler. Nos amis suisses et canadiens avaient déjà contourné le problème depuis longtemps en n'engageant que des sosies semi-professionnels, des gens dont c'était devenu quasiment le métier avec plus de quatre-vingts galas par an! Pour moi, cela demeure en tout cas un souvenir formidable.

Eurovision

En dehors de ces séries d'émissions, j'ai aussi présenté des émissions ponctuelles de divertissement. Comme les finales nationales belges de l'Eurovision de la chanson, en 1992 et 1995. Deux émissions en direct avec pas mal de suspense et d'émotions. Deux finales dont sortirent vainqueurs respectivement Morgane et Frédéric Etherlinck. En revanche, mon frère Philippe et moi avons été très déçus de ne pas présenter en duo le concours Eurovision de la chanson de 1987, organisé à Bruxelles. Cet honneur devait bizarrement échoir à la chanteuse Viktor Lazlo. Je me souviens aussi avoir présenté le très impressionnant tirage de la Loterie européenne, en direct, depuis un Forest National plein à craquer. C'était en coproduction avec la VRT. L'immense vedette Kim Wilde était la tête d'affiche du plateau d'artistes. En plus des variétés, il y avait donc le fameux tirage avec une mécanique très complexe. Le déroulement de l'émission pouvait changer en fonction de la nationalité du futur grand vainqueur, les procédures n'étant pas les mêmes dans tous les pays. Avec le sémillant réalisateur Albert Deguelle, ancien coprésentateur de la célèbre émission de jeux Voulez-vous jouer? avec Jacques Careuil, nous avons dû répéter tous les scénarios possibles pendant des heures. En compagnie de ma charmante consœur néerlandophone. Je ne comprenais pas un mot de flamand et, quand elle se tournait vers moi en souriant, je savais que je devais enchaîner! Puis, à la fin de mon intervention, je me tournais vers elle et elle repartait avec un «*inderdaad* Thierry» de bon aloi...

Il y eut aussi, toujours en direct, une Fête de la Communauté française avec Étienne Daho en tête d'affiche devant plus de

30 000 personnes massées sur la Grand-Place de Bruxelles. Un spectacle vraiment impressionnant. C'est là qu'au salut final, Daho me souffle : « Tu n'as pas peur de cette foule ? Moi bien ! » Il y avait une petite quinzaine d'artistes, belges ou français, dans cette émission. Ce fut ma seule rencontre avec Christophe, un de mes chanteurs préférés. Tout le monde faisait un titre, sauf Daho qui en chantait deux. Quand il s'en est aperçu après la répétition générale, Michel Delpech est reparti aussitôt à Paris, sans faire l'émission ! Je me souviens aussi d'une émission de variétés avec plusieurs tubes de l'été 1987 (David et Jonathan, François Feldman, Alpha Blondy, Gérard Blanc, etc.) devant une foule en délire pour les Fêtes de Wallonie, à Namur. Des expériences vertigineuses. Présentant alternativement Billets doux et Copie confome deux dimanches sur quatre en *prime-time*, j'étais vraiment au faîte de ma notoriété et, je pense, de ma popularité. J'avais parfois un peu l'impression de marcher sur l'eau. Rien de fâcheux ne pouvait m'arriver. J'allais rapidement devoir déchanter. Comme j'avais pas mal occupé le terrain télévisuel pendant dix ans, Claude Delacroix, alors nouveau directeur du Centre de production de Bruxelles, a cru bon de me retirer de l'antenne au nom du « jeunisme ». Je n'avais que 35 ans ! Je me suis alors retrouvé à la production de programmes comme Scoubidou, une émission de variétés présentée par Jacques Mercier depuis le Théâtre du Vaudeville à Bruxelles. De grands artistes ont défilé dans ce cadre particulièrement sympa. Je me souviens notamment de la venue de Patrick Juvet. Il promotionnait alors un titre disco. Après insistance, je l'ai convaincu de se mettre au piano pour interpréter « Les bleus au cœur », une de mes chansons d'amour préférées. Il y avait aussi des séquences originales conçues par le réalisateur Philippe Kempen, fidèle complice de Philippe Geluck dans

ses délires télévisuels. Kempen était très drôle. Nous sommes partis ensemble au Sénégal pour le voyage de nos vingt-cinq ans de RTBF. Ce fut un long fou rire de dix jours !

Débuts inattendus au JT

Je me souviens aussi de la série documentaire « Ces années-là » que l'on avait préparée avec le dynamique réalisateur Serge Dzwonek. Ce mélange d'archives maison, de clips musicaux, d'actualités, de bandes-annonces de films et de spots publicitaires sur les années 1960 et 1970 avait très bien fonctionné auprès du public. Un été, on a produit également son prolongement ludique. « Ces années-là, le jeu » était présenté par un jeune débutant nommé Patrick Weber que je formais à mon tour. Un jour que je traînais dans les couloirs du journal télévisé pour le montage de « Ces années-là », je croise Yves Thiran, alors éditeur du JT. L'éditeur, c'est le responsable du contenu. « Ah, Thierry, tu tombes bien ! Michel Berger est mort et on fait l'ouverture du JT à 13 heures avec cette séquence que tu vas nous préparer ! Merci Thierry. » Alors que je n'avais jamais réalisé un sujet pour le JT de ma vie ! Mais il est 11 h 50 et le temps presse ! Serge Dzwonek sera un allié précieux dans cette course contre la montre. On plonge dans les archives maison, on fait venir de la maison de disque le dernier clip de Michel Berger avec France Gall (« Laissez passer les rêves ») et on monte le plus vite possible une séquence de nonante secondes. Pas le temps de faire une sonorisation pour lire le texte à mon aise. À 12 h 58, je cours vers l'étage inférieur en suivant l'assistant du JT. On m'installe alors dans une petite cabine devant un écran. Pas le temps de reprendre mon souffle. Je m'assieds. Juste le temps d'entendre Jacques Bredael, le présentateur du journal télévisé, terminer son lancement avec ces mots: « Thierry Luthers ». Une bonne grande respiration et c'est parti pour la lecture du texte en direct: « C'est en jouant une partie de tennis dans sa propriété de Ramatuelle que le chanteur Michel Berger a été victime d'une crise cardiaque... » Un baptême du feu intense. Pour la séquence dans le JT du soir, ce sera un peu moins rock and roll, forcément...

En 1998, je devais faire un avant-dernier détour par le divertissement avec la présentation d'un jeu télévisé quotidien que tout le monde a sans doute oublié: Fidèles au Poste. Cela n'aura duré que quelques mois. Le concept du jeu n'était pas mal du tout, mais, en face du JT de RTL, c'était vraiment devenu mission impossible en termes d'audiences. Pour cette émission, j'avais perdu dix kilos (un des nombreux régimes de mon existence) et j'avais essayé de soigner particulièrement mes réparties avec les candidats. Mais cela demeure le plus gros échec de ma carrière de présentateur, car l'émission n'a jamais trouvé son public. Elle a rapidement été retirée de l'antenne...

Le Grand Cactus

À l'inverse, l'émission humoristique Le Grand Cactus aura été le dernier grand rayon de soleil de ma carrière. J'avais sympathisé avec Jérôme de Warzée dans le cadre du 8/9 sur Vivacité. Pendant sept ans, je suis venu tous les lundis pour assurer une chronique sportive dans cette émission. Son excellent animateur Benjamin Maréchal me l'avait demandé et j'avais accepté tout de suite. Chaque lundi, donc, je me levais à 5 heures du matin afin d'éviter les bouchons entre Liège et Bruxelles. Un véritable cauchemar pour moi qui suis plutôt du genre «couche-tard, lève-tard». Le 8/9 est une véritable machine de guerre, en radio et même en TV. L'émission fonctionne très bien et l'audience est significative. J'ai pu m'en rendre compte lorsque je suis venu y promotionner un concert ou un livre. Le grand public l'ignore parfois, mais la matinale demeure capitale dans une grille de programmes radio. C'est le véritable *prime-time* de la radio. Incroyable patchwork d'infos, de rubriques, de chroniqueurs, d'humour, d'invités, d'inforoute, de météo et de pubs, le 8/9 était mené de main de maître par Benjamin Maréchal. Les Cactus dans le Waterzooi, chronique de Jérôme de Warzée, y ont vite conquis un large public. Écrire, seul, une chronique quotidienne de cette qualité, c'est une véritable gageure. Jérôme y arrive depuis plusieurs années. N'ayons pas peur des mots: c'est un génie de la plume. Il a trouvé son créneau, son style, qui font de lui le meilleur auteur comique belge. Alors, certes, parfois, une chronique est un poil plus faible, mais, globalement, c'est remarquable. Jérôme est passionné par la langue française, qu'il triture dans tous les sens. Mais aussi par le foot, le Standard en particulier. Eh oui! Ce Bruxellois bon teint est un supporter acharné des «Rouches». Souvent, après les émissions, on parlait de foot, donc, mais aussi de tout et de rien. Il m'est même arrivé un jour de le défier au Scrabble, en partie libre. Je pensais être un bon joueur, mais, là, je tombais sur un ancien champion de Belgique en personne qui semblait venu d'une autre planète. J'ai été ridiculisé. Jérôme a mis six fois toutes ses lettres dans la même partie! Avec des mots que je ne connaissais même pas! Je ne pensais même pas que c'était possible. Très impressionnant...

Un peu plus tard, Jérôme de Warzée me dit qu'il a un projet d'émission télévisée et qu'il cherche des chroniqueurs. Il a deux certitudes dans sa tête me dit-il: la folie de David Jeanmotte et le côté «Maître Capello» de Thierry Luthers. Je suis évidemment partant quand un homme de talent, qui est aussi devenu un bon copain, me propose cela. Quelques mois plus tard, nous voilà tous réunis dans le studio de Liège pour enregistrer le pilote (émission-test) du Grand Cactus. Pendant la première demi-heure de l'enregistrement, les chroniqueurs peinent à trouver leur place dans l'émission, c'est logique. Puis on démarre, pour de bon, deux semaines plus tard. La ravissante Livia Dushkoff, amie d'enfance de David Jeanmotte, complète le trio des chroniqueurs. Et le sémillant Adrien Devyver coanime le show avec Jérôme de Warzée. Lequel peut alors laisser libre cours à sa verve et à son inspiration habituelles dans ses Cactus. Une joyeuse troupe de comédiens emmenée par le génialissime Kody fait aussi partie de l'aventure. Et, tout de suite, la sauce prend. Une folie douce s'installe au gré des émissions. Premier enseignement: Kody peut jouer n'importe quel personnage, il est crédible, et surtout très drôle. Les spectateurs s'arrachent les places pour assister à l'enregistrement. La liste d'attente est longue. Venu des quatre coins de Wallonie, le public est conquis, écroulé de rire. Les téléspectateurs ne s'y trompent pas non plus, et viennent en nombre devant leur petit écran, même si l'émission est diffusée sur la Deux, une chaîne qui n'est pas, pour rappel, la plus regardée de la RTBF. Certains jeudis, le Grand

Cactus rassemble plus de 250000 téléspectateurs avec des parts de marché de plus de 20%. Un jour, on fait même un score record à 350000 téléspectateurs. Du jamais vu sur cette chaîne, hormis pour certains matches de foot. C'est énorme ! C'est ici qu'il faut rappeler le distinguo un peu technique entre le nombre de téléspectateurs qui regardent l'émission et la part de marché. Cette dernière constitue le paramètre chiffré le plus important. Elle indique, en effet, le pourcentage de téléspectateurs présents devant leur télé qui regardent votre émission. C'est surtout ce chiffre-là qui intéresse les annonceurs et les spécialistes des sondages chez les diffuseurs. Aujourd'hui, l'audience s'est un peu tassée, mais face à une concurrence redoutable le jeudi soir, le succès ne se dément pas.

Les réseaux sociaux ont encore amplifié le phénomène Grand Cactus. Les sketches connaissent ainsi plusieurs vies et bénéficient d'une exposition maximale. N'ayons pas peur des mots : le Grand Cactus est un triomphe. C'est la parfaite illustration de l'adéquation télévisuelle entre l'offre et la demande. Les téléspectateurs belges attendaient depuis très (trop) longtemps une émission d'humour typiquement belge. Les voilà servis ! De Warzée et ses auteurs ont carte blanche. Aucune censure ne règne en interne, il faut également le souligner. Et de Warzée et ses auteurs, véritables « machines à vanne », font souvent mouche avec un humour particulièrement décapant. Ils passent à la moulinette toute l'actualité sportive, judiciaire, politique, people, sociétale, internationale. Rien ni personne n'échappe à leur regard caustique et à leur plume incisive. Le tout avec un grand sens de l'autodérision et une bonne dose de surréalisme à la belge. Le Grand Cactus, c'est aussi une galerie de personnages où chacun a trouvé sa place au fil des mois. Une belle bande de potaches qui s'amusent pendant nonante minutes d'émission, où tout, absolument tout, est permis. Parfois à la limite du mauvais goût, mais cela fait partie du genre et, finalement, l'humour demeure un sujet très subjectif. Les vidéos des sketches cartonnent sur Facebook avec, majoritairement, des vues d'internautes français qui ne peuvent pas voir l'émission en direct. Mais qui, sans comprendre toutes les subtilités de notre petit pays, adhèrent totalement à cet humour belge. Qui n'est pas sans leur rappeler l'esprit Canal+ avec les comédiens José Garcia et Antoine de Caunes dans l'émission Nulle part ailleurs, présentée par Philippe Gildas.

Personnellement, je ne fais pas grand-chose dans cette émission. J'apporte de temps en temps une caution journalistique ou historique aux propos tenus. J'y tiens aussi une chronique récurrente intitulée « La minute de monsieur Luthers » qu'on a eu la gentillesse de m'allonger ces derniers mois. Mais surtout, j'y ris. Entendons-nous bien : je ris quand cela me fait rire. Donc quand je ne ris pas, non je ne tire pas la gueule contrairement à ce que j'entends çà et là ! Je ne ris pas tout le temps comme certains sur le plateau, mais je trouve que je ris souvent. Parfois, il m'arrive même de pleurer de rire. On me dit que mon rire est communicatif, tant mieux. En tout cas, rien n'est calculé, tout est spontané. Quand on s'assied en studio, nous les chroniqueurs, on ne sait absolument rien des sketches qu'on va nous proposer. Nous sommes véritablement le premier public des comédiens. *A fortiori* quand l'émission a dû se dérouler sans spectateurs, COVID oblige. Kody me dit souvent : « Je guette ton premier rire. Quand il arrive, je sais que c'est gagné ! »

Avec cette émission, j'ai retrouvé une visibilité que j'avais un peu perdue en radio. C'est une vitrine exceptionnelle. À un moment donné de ma vie, en rue, les gens ne me parlent plus que du Cactus. Comme si je n'avais fait que cela dans ma carrière professionnelle! On en oublierait presque que mon «vrai métier» est celui de journaliste sportif. C'est sympa, mais, forcément, parfois un peu réducteur. Mais bon, cette aventure Cactus, ce n'est que du bonheur. Le départ précipité et surmédiatisé des très populaires Poufs n'a pas freiné la dynamique de succès de l'émission. Même si le déballage public des tensions entre Jérôme et les deux comédiennes n'était pas de très bon aloi. Bref, Bénédicte Philippon et Sarah Grosjean, les fameuses interprètes des sketches des Poufs, sont donc parties vers d'autres cieux, mais d'autres sont arrivées. Isabelle Hauben et Tamara Payne sont d'incontestables recrues de choix. Le remarquable comédien Damien Gillard a une excellente mémoire et il est très précis. Il vient du théâtre et cela se sent. Il a aussi en lui cette folie douce qui cadre parfaitement avec l'esprit du Cactus. Restent les piliers de l'équipe: James Deano, un des êtres les plus délicieusement décalés que je connaisse, mon pote Martin Charlier, un autre passionné de foot, dont les parodies de Jardins & Loisirs me font hurler de rire et, enfin, le très doué imitateur Fabian Le Castel. Sans oublier Freddy Tougaux, digne héritier du surréalisme louviérois, avec ses micro-trottoirs désopilants.

Le point commun de toute cette bande, c'est donc le talent. À l'heure où j'écris ces lignes, nous achevons déjà la septième saison. Sera-ce la dernière? Je ne sais pas. Pour moi, oui. Dans mon esprit, la boucle est bouclée et j'ai envie de passer à autre chose. Mais quoi qu'il arrive, cela restera un formidable souvenir, car, tout au long de cette belle aventure, on a pu créer un véritable esprit d'équipe. Et c'est cela le plus important. Le Grand Cactus est devenu une grande famille, d'autant qu'on travaille souvent avec les mêmes maquilleuses, habilleuses, accessoiristes, techniciens et régisseurs. Et, à chaque fois, on n'a pas vraiment l'impression de travailler.

CHAPITRE 3
EN ROUTE VERS LE SPORT

Ma migration du divertissement vers le sport devait s'opérer en 1994. Même si, en parallèle, je travaillais déjà, depuis quinze ans, comme collaborateur sportif non professionnel pour *La Dernière Heure/Les Sports*. Parti modestement du foot régional et du sport provincial, j'ai ensuite gravi tous les échelons pour en arriver à couvrir finalement des matches de division 1. La passion du foot, je l'avais donc chevillée au corps et depuis très longtemps. J'y reviendrai. En 1994, donc, Mamine Pirotte, la dynamique directrice de la RTBF-Liège, me propose de présenter tous les soirs, à 19 h 10, l'émission Le Quotidien des Sports. Un mini journal reprenant en douze minutes toute l'actualité sportive du jour. Avec aussi des pages magazines consacrées à la découverte de sports moins médiatisés. L'idée est excellente.

Je vais présenter une semaine sur deux, en alternance avec un monument de la télévision: Roger Laboureur! Cela devait d'ailleurs être la dernière saison de Roger à la RTBF. À son grand dam, il fut poussé vers la sortie quelques mois plus tard, en raison d'un inattendu plan de restructuration. Roger

Laboureur m'a beaucoup appris. Le grand public a surtout retenu de lui ses commentaires lyrico-humoristiques de football et, surtout, ceux des matches des Diables Rouges lors du Mundial 86, avec les fameux « Goal, goal, goal ! » qui l'ont longtemps poursuivi chez les supporters belges, quitte à le lasser quelque peu, ainsi qu'il me l'a confié un jour. Mais on en oublierait presque que Roger Laboureur fut aussi, et avant tout, un grand journaliste. À l'époque, j'ai été amené à fabriquer mes premiers sujets ou séquences sportives télévisées, soit en format « infos », soit en format « magazine » (dans une durée plus longue). Et je dois dire que j'ai eu droit à un excellent professeur en la personne de Roger. Il m'a donné un tas de conseils judicieux, notamment sur la scénarisation ou la mise en scène d'une séquence. Et puis, humainement, c'était un vrai bonheur de travailler avec lui. Dans le même temps, l'ancien journaliste Jacques Malpas était devenu le rédacteur en chef de l'émission. Un personnage étonnant. Qui me demanda notamment d'être son témoin de mariage... juste avant mon entrée en studio pour un direct du Quotidien des sports ! Ce mariage, parlons-en ! Un mariage belgo-congolais assez homérique où Michel Daerden, le bourgmestre d'Ans, n'en pouvait plus d'attendre les époux... qui n'arrivaient pas à leur propre cérémonie ! Les futurs mariés rallièrent finalement la maison communale ansoise avec plus d'une heure de retard ! J'ai bien cru que Michel Daerden allait manger le Code civil ! À la RTBF, Jacques Malpas vouvoyait tout le monde dans un style très vieille France, plutôt désuet. Et il partageait avec Laboureur et moi-même un sens prononcé de la dérision et de l'humour un peu absurde. Malpas était vraiment très drôle. Les réunions éditoriales du matin tournaient immanquablement au fou rire... dont les raisons échappaient parfois au reste de la rédaction. Pendant cette saison inoubliable, Roger et moi allions souvent déjeuner ensemble à Liège, une ville qu'il affectionne tout particulièrement. Il venait me chercher chez moi et, hop, nous étions partis, quasiment bras dessus, bras dessous, vers le centre-ville. Entre nous, lors de ces lunchs, j'avais parfois du mal à le suivre, car Roger a un goût immodéré pour la consommation accélérée de bonnes Jupiler dès la mi-journée. Ceux qui ont eu la chance de vivre un apéro dans son fief, la brasserie Le Barcelone à Andenne, savent ce que cela signifie. Après de bons débuts face au JT de RTL, le Quotidien des sports a commencé à souffrir en termes d'audiences quand l'affaire Dutroux a éclaté. Mais cela demeure néanmoins une très belle expérience et un beau souvenir.

Les potes du sport

Laboureur-Lecomte-Delire : la filiation entre ces trois journalistes est non seulement géographique (tous trois sont issus de la province de Namur), elle est aussi naturelle et évidente. Comme une véritable chaîne de transmission dans la profession et dans la maison. J'ai toujours eu de très bons rapports avec les trois membres de cette trilogie. Michel Lecomte a longtemps été mon chef à la rédac des sports. D'ailleurs, de nombreux journalistes l'appelaient simplement et respectueusement chef. Lors de la recentralisation historique de la rédaction, Michel sembla d'abord un peu se méfier de moi, et peut-être de mon franc-parler. Il me cantonna longtemps en radio avant de m'appeler un jour en TV comme remplaçant de Rodrigo Beenkens dans la Tribune, lorsque Rodrigo commentait les classiques printanières de cyclisme. Plus tard, Michel me confiera des commentaires de matches en TV pour la Coupe du monde 2018 en Russie. D'abord un peu crispée au départ, notre relation est progressivement devenue cordiale, puis amicale. Il lui a fallu beaucoup de diplomatie pour diriger une rédaction aussi importante en nombre (avec des journalistes radio, TV et web) et avec autant d'ego à gérer au mètre carré. De la diplomatie, Lecomte en usait et en abusait parfois. Il était très politiquement correct dans ses relations sociales et professionnelles. Comme je le lui ai dit, avec le sourire, dans mon discours lors de sa mise à la pension fin 2020: «Michel, tu aimais ménager la chèvre, le chou et parfois même monsieur Seguin.» Mais, malgré ces petits défauts (il était parfois un peu influençable et c'était parfois «le dernier qui avait parlé qui avait raison»), il a exercé son long mandat avec une remarquable compétence. La négociation des droits TV pour l'achat de diverses compétitions sportives est un exercice subtil, rude, complexe... et capital pour les finances du service public. Michel a réussi ce pari, au-delà même des espérances de la direction financière de l'entreprise. Malgré une concurrence féroce, l'offre sportive de la RTBF demeure aujourd'hui encore impressionnante. C'est son héritage, car il a eu à cœur de boucler tous les gros dossiers de droits TV juste avant de partir à la retraite. Ces dernières années, l'accent a été mis également sur le sport féminin. Et puis, Michel Lecomte, c'est quelqu'un de bien, de structuré, avec de vraies valeurs humaines... assez proches des miennes. Sans doute avons-nous reçu une éducation assez similaire.

Après Laboureur et Lecomte, reste le troisième larron de cette troïka, Marc Delire. Avec lui, le courant est tout de suite bien passé. En 2001, il venait présenter la page foot dans Extra-Time, une émission sportive avec un invité servant de fil rouge que j'ai présentée une saison sur la Deux et que tout le monde a oublié. Sauf Marc et moi. Un jour, alors que le footballeur Marco Casto était notre invité en plateau, nous avons eu un fou rire mémorable pour des raisons, disons gastriques, mais franchement inavouables. Je pleurais de rire et on ne voyait plus mes yeux tant mes verres étaient emplis de buée! Il m'a fallu dix minutes pour m'en remettre. Comme l'émission était en direct, j'avais même la crainte que ce fou rire ne perdurât pendant un très long moment. Puis, comme prévu, Marc a quitté le plateau et j'ai enfin pu reprendre mes esprits. Si vous avez l'occasion un jour de revoir ces images, c'est franchement désopilant! D'illustres invités se sont succédé dans cette émission à l'audience, hélas, plutôt confidentielle: le grand pilote automobile Jacky Ickx, Justine Henin, le champion olympique de judo Robert Van de Walle, Paul Van Himst, Eddy Merckx, l'explorateur suisse Bertrand Picard ou encore l'aventurier Alain Hubert...

Je commençais traditionnellement l'interview par une petite question piège: «Dans une course cycliste, vous dépassez le deuxième donc vous devenez le...» La tentation est évidemment très forte de répondre le premier. Alors que la bonne réponse est deuxième puisque vous étiez troisième. Sans filet, en direct, pas mal d'invités sont tombés dans le panneau...

Un jeune débutant collaborait à l'émission et nous accompagnait, en partie, dans des troisièmes mi-temps épiques et assez arrosées: c'était Benjamin Deceuninck! Très vite, on a senti chez lui ce talent qui allait se confirmer, de façon affirmée, dans les années suivantes. J'ai toujours apprécié Benjamin pour sa gentillesse, son charisme et son humour. On a travaillé ensemble dans pas mal d'émissions communes, notamment lors des grands tournois de foot, Coupes du monde ou Euros. Sans oublier, bien sûr, la Tribune, dont il a repris les rênes il y a deux saisons. Benja m'a toujours vu comme un tonton bienveillant, tant sur le plan amical que professionnel. D'ailleurs, à la rédac, de nombreux jeunes collègues m'ont toujours appelé tonton ou parrain, et c'est assez sympa finalement... Dans cette rédaction, j'ai toujours essayé de bien m'entendre avec tous mes collègues. Mais il existe forcément plus d'affinités avec certains que d'autres, c'est logique. J'ai toujours eu une tendresse particulière pour Vincent Langendries que j'ai vu débuter dans le Quotidien des sports. Alors jeune pigiste, il y traitait ce que nous appelons les EVS, les images sportives proposées quotidiennement par l'Eurovision. Vincent, l'homme des Diables Rouges et de l'athlétisme en télévision. Un grand professionnel, un garçon charmant et parfois pince-sans-rire. Plein d'humour aussi, voici Laurent Bruwier, le responsable des pages sports du site web de la RTBF. Le confinement de 2020 nous a paradoxalement rapprochés, car j'ai beaucoup travaillé pour le web pendant cette période. Nous avons souvent de longues conversations amicales et professionnelles dans et en dehors du boulot. Impossible de citer ici tout le monde, désolé pour certains que j'oublie, mais j'ai une pensée aussi pour Frank Peterkenne que j'ai vu débarquer un jour à la rédaction liégeoise des sports. Son statut de «fils de» (son papa Jean-Marie a été directeur de la RTBF-Liège) n'a pas toujours été facile à assumer au début. Je l'ai immédiatement pris sous mon aile protectrice. Frank avait du talent, du culot et beaucoup d'humour. Je devais forcément bien m'entendre avec un gars comme ça...

Mais revenons à Marc Delire. Au fil des années, il est devenu un véritable ami intime. Un véritable membre de ma garde rapprochée. Un personnage étonnant, à la fois un peu fou et très clivant: on l'adore ou on le déteste. J'émarge incontestablement à la première catégorie. Dans la vie comme sur antenne, Marc peut être provocateur, mais, au moins, il ne se cache pas. C'est quelqu'un de vrai, d'entier. Il a quitté la RTBF pour tenter l'aventure du privé chez Belgacom TV; c'était un choix lucratif, mais audacieux à l'époque. Et même s'il a pas mal de détracteurs, Marc demeure à mes yeux un excellent commentateur de foot même si, parfois, il ne peut cacher ses sympathies pour le Sporting d'Anderlecht ! Avec ses potes, on a fait une fête mémorable de deux jours pour ses 40 ans. Pour son demi-siècle, je lui ai offert un concert-hommage à Johnny dans sa belle propriété namuroise. Et cette belle amitié n'est pas près de se terminer puisque nous sommes désormais voisins... au Sénégal où nous passons du bon temps ensemble.

La magie de la radio

C'est bien évidemment à la radio que j'ai consacré la majeure partie de ma carrière de journaliste sportif. Quand j'étais petit, j'étais déjà un fan du grand reporter Luc Varenne, notre maître à tous. Une des premières grandes vedettes de l'INR, l'Institut national de radiodiffusion, puis de la RTB. Un jour, alors que j'étais tout gamin, Luc Varenne était venu à l'inauguration d'un magasin d'électroménager dans mon quartier. J'avais attendu longtemps devant la vitrine pour l'apercevoir, car il y avait pas mal de monde pour l'accueillir. Bien plus tard, je l'ai croisé quelques fois dans les couloirs de la RTBF. Il m'impressionnait toujours autant !

Enfant, je commentais, à sa manière, des matches de foot dans mon lit. Dans la chambre d'à-côté, ma mère était ravie : elle pensait que je récitais mes prières ! Pour moi, la radio demeure un médium extraordinaire et sans doute éternel. On écoutera toujours la radio dans sa salle de bains le matin ou dans sa voiture. La radio, c'est vraiment la liberté. Alors que la télévision nous impose, trop souvent, des carcans horaires et des règles contraignantes. Et, surtout, avec la radio, on peut s'adresser à l'imaginaire des gens. Et ça, c'est vraiment génial ! Quand je commente un match de foot à la radio, je deviens le narrateur, le conteur d'une histoire en quelque sorte. Je me dois d'être le plus descriptif possible. Mon principe est qu'à tout moment l'auditeur doit savoir où se trouve le ballon sur le terrain. Tout en rappelant le score toutes les minutes, car, dans leurs voitures, les gens peuvent vous rejoindre à n'importe quel moment du match. Un jour, un auditeur aveugle a déclaré dans un témoignage : « Quand Thierry Luthers commente un match, je vois le match. » J'en ai pleuré tellement j'étais bouleversé. C'est un témoignage magnifique.

Je me souviens également d'une expérience extraordinaire en octobre 2012, en collaboration avec le Théâtre de Liège. Une vraie rencontre entre l'art et le sport avec un point commun : le goût de la performance. Ce goût, Massimo Furlan l'a assurément. Massimo Furlan est un comédien suisse qui aime les défis. Et les matches à haute dramaturgie. Il avait monté un premier spectacle, en France, inspiré du fameux France-Allemagne de Séville, en demi-finale de la Coupe du monde 1982. Une rencontre dramatique remportée par la Mannschaft aux tirs au but. Menant 3-1, les Tricolores s'étaient fait remonter à 3-3. À Liège, dans l'enceinte du Standard, Furlan avait choisi, cette fois, de faire revivre le fameux Belgique-URSS de León au Mexique, en huitième de finale de la Coupe du monde 1986. Un match qui devait finalement sourire aux Diables Rouges, vainqueurs 3-4 après prolongation. En réalité, Massimo Furlan (un nom prédestiné pour le foot) ne jouait qu'un seul et unique rôle dans cette pièce très particulière: celui du médian, Enzo Scifo ! Tentez de vous imaginer la scène. Un terrain vide. Pas de joueurs, pas d'arbitre, mais un gars qui court tout seul, et sans ballon, pendant nonante minutes ! Il a, au préalable, étudié tous les mouvements, toutes les courses, tous les contrôles ainsi que le but de Scifo durant ce match... en visionnant plus de cinquante fois la rencontre ! Un travail de dingue, un défi insensé ! Et votre serviteur est aux commentaires pour les quelques centaines de spectateurs présents dans la tribune 1 du stade du Standard. Les spectateurs m'écoutent, comme à la radio, munis chacun d'une oreillette. Nico Claesen et Michel Renquin, deux Diables ayant participé à l'épopée mexicaine 1986, et acteurs de ce Belgique-URSS, sont présents en tribune. Ils sont appelés sur la pelouse pour les dernières minutes de la rencontre. Je me suis arrêté de parler et on a alors basculé dans le commentaire télévisé de l'époque, assuré par le brillant et lyrique Frank Baudoncq. Au final, le comédien Massimo Furlan, les deux anciens joueurs et moi-même saluons le public sur la pelouse. Comme à la fin d'une représentation théâtrale. Renquin et Claesen sont submergés par l'émotion. Je vois des larmes couler sur le visage de l'attaquant limbourgeois. C'est un moment incroyable. Avec des moyens plus que limités, les courses d'un « comédien-performeur » et la voix d'un commentateur, on a réussi à faire revivre, différemment, et l'espace d'un soir, une rencontre d'anthologie !

Le but de Bolat

Oui, le sport, c'est de l'émotion et le direct sportif à la radio encore plus. On a vécu de très grands moments avec mon complice, confrère, collègue et ami, l'excellent Manuel Jous, un vrai puits de science et d'humour. En coupes d'Europe de clubs, le plus grand souvenir c'est évidemment l'improbable but de la tête de Sinan Bolat en 2009, à la dernière minute du match de Champions League entre le Standard et les Néerlandais d'Alkmaar. On est devenus littéralement fous sur antenne. Le commentaire a connu plusieurs vies grâce à YouTube. À situation exceptionnelle, réaction exceptionnelle. Un gardien de but qui qualifie son équipe d'un coup de tête victorieux à la 95e minute, c'est positivement rarissime. Et le fait que cela arrive avec le Standard ne change rien à l'affaire. J'en profite d'ailleurs pour faire une mise au point définitive avec le Standard. Dans ma carrière, j'ai entendu des centaines, peut-être même des milliers de fois, que j'étais un supporter du Standard. Partout, toujours, la même rengaine. À Liège, à Bruxelles ou à Charleroi. D'autres supporters estimaient, à l'inverse, que j'étais un anti-Standard. Comprenne qui pourra...

La réalité est bien plus complexe que cela. Je me suis toujours considéré comme un sympathisant et non comme un supporter du matricule 16. Tout gamin, j'allais assister aux matches avec mon cher papa qui était fan des «Rouge et Blanc». On partait à pied de la maison, dans le quartier des Vennes, pour rallier Sclessin. Une heure vingt aller-retour quand même ! Arrivé au viaduc de Sclessin, mon père prononçait toujours la même phrase: «Allez, courage, plus que dix minutes.» J'y repense souvent quand je repasse à cet endroit...

On suivait les rencontres depuis les pourtours, les tribunes situées juste derrière les buts, très près du terrain. J'y ai vécu la dernière saison du légendaire attaquant Roger Claessen avant qu'il ne parte pour le club d'Aix-la-Chapelle, en deuxième division allemande. Mes idoles se nommaient le gardien Christian Piot, le médian luxembourgeois Louis Pilot, l'attaquant allemand Erwin Kostedde... La belle époque ! Un jour, dans un match au sommet contre Bruges, il y avait tellement de monde que les supporters étaient partout: sur les toits des tribunes, sur le terril en face du stade et même sur la pelouse. Avec l'accord de l'arbitre ! Au total, plus de 40000 spectateurs, incroyable !

J'ai connu les grandes années de Sclessin avec des coaches prestigieux comme René Hauss, Ernst Happel, Robert Waseige ou Raymond Goethals. Il y a quelques années, mon excellent confrère journaliste Alain Ronsse m'avait aimablement convié à la remise du prix Raymond Goethals qui récompense le meilleur coach belge de l'année. Cela se passait dans l'espace VIP du stade du RWDM. J'étais à la table des anciens Standardmen: Eric Gerets, Christian Piot, Léon Semmeling, Nico Dewalque,

Wilfried Van Moer. Une belle brochette de grands footballeurs ! J'étais ému en regardant toutes ces légendes bavarder et rigoler ensemble. D'autant que je pensais à mon père qui, lui aussi, les avait tant admirés.

En 1999, Lucien D'Onofrio me contacte pour devenir le porte-parole et l'attaché de presse du Standard. Un an plus tôt, D'Onofrio a repris les commandes du club en investissant avec son ami Robert Louis-Dreyfus, le milliardaire français. D'Onofrio est un personnage énigmatique et discret à la réputation controversée, pour ne pas dire sulfureuse. J'apprends à le connaître. Il y a chez lui quelque chose de fascinant et finalement d'assez attachant. Il peut passer rapidement d'un côté super sympa, et même un peu boy-scout, à des comportements plus autoritaires et beaucoup plus cassants. C'est un personnage à plusieurs facettes. Il est malin, intelligent, charismatique et il connaît le foot. Sa personnalité est très différente de celle de son regretté frère Dominique. Dans les affaires, Lucien est resté très discret. C'est, notamment, cette qualité qui lui a permis de devenir un des agents de joueurs les plus influents de la planète foot. Dominique, lui, était un extraverti. Un volcan. Toujours de bonne humeur, toujours bouillant. Nous avions très vite sympathisé lorsqu'il était le coach de Tilleur, en promotion. Victime de son statut de « frère de », il a sans doute été un peu sous-estimé dans sa carrière de coach du Standard. Et sans le coup de pied de Mavinga dans le visage de Carcela contre Genk en 2011 (le match décisif pour le titre), il aurait sans doute réalisé le doublé championnat-coupe cette saison-là avec les « Rouches ». En tout cas, son départ prématuré a laissé un vide immense dans le petit monde du football belge.

Au Standard, je n'y suis resté que six mois... tombant vite en désaccord avec le nouveau directeur général de l'époque. Ce court passage dans le privé pourrait être vu comme une sorte de petite tache dans mon parcours. Peut-être. Pourtant, j'ai appris beaucoup de choses en vivant le monde du football de l'intérieur. La communication d'un club vers l'extérieur est souvent bien différente de la réalité, pour ne pas dire son reflet inverse. C'est même parfois édifiant de voir comme le mensonge est généralisé dans ce milieu. Mais tout n'a pas été négatif. En l'espace de quelques mois, j'y ai connu aussi l'une ou l'autre émotion. Quand je suis arrivé, l'équipe entraînée par le binôme Jean Thissen-Henri Depireux, deux anciens de la maison, a gagné onze matches d'affilée. J'y voyais les effets positifs de mon récent stage de pensée positive, suivi l'année précédente et donné par l'inoubliable psychologue John De Sloovere! Son leitmotiv: «Je veux, je peux!» Tout un programme...

Émotion aussi avant le match contre Geel. Le stade de Sclessin était plein à craquer. La raison malgré l'étroitesse de cette affiche? Pas de supporters visiteurs et une opération séduction «Femmes et enfants gratuits». Bref 29000 spectateurs. Roger Claessen venait d'être élu Standardman du siècle par les supporters. J'invite son fils Marc-Antoine pour donner le coup d'envoi de la rencontre. Il est ovationné et très ému... et moi aussi! En mai, le Standard joue la finale de la Coupe de Belgique contre Genk. Je décide de monter un grand événement pour le retour triomphal des joueurs en Cité ardente. Car dans mon scénario, pas de doute: les Liégeois vont gagner la coupe! J'obtiens les autorisations nécessaires du bourgmestre Willy Demeyer pour monter une scène sur la place Saint-Lambert, en plus de l'écran géant pour suivre le match. Parallèlement, je bats le rappel de quelques amis artistes, Pierre Rapsat en tête, pour qu'ils viennent se produire, gracieusement, sur la scène. Ils acceptent tous ! Le match commence et, après une minute de jeu, le Standard ouvre la marque ! Il sera finalement battu 4-1 ! J'ai dû tout annuler, la mort dans l'âme. Téléphoner à tous les artistes, les techniciens : « Les gars ne venez pas, la fête est annulée ! » Quelle tristesse ! Je suis inconsolable ce soir-là vu l'énergie que j'ai déployée les quinze derniers jours pour la préparation de cet événement.

Malgré ce bref passage de six mois en bord de Meuse, l'étiquette « supporter du Standard » m'est longtemps restée collée au corps, de manière quasi indélébile. Depuis de longues années, j'ai commenté beaucoup de matches du Standard et j'ai toujours eu, je pense, pas mal de bonnes infos à propos du matricule 16. Mais les gens ont vite fait l'amalgame de tous ces éléments : pour eux pas de doute, j'étais un « Rouche » et je le resterais éternellement ! Pourtant, ces dernières années, mes relations avec la direction du club de Sclessin, à savoir le tandem Venanzi-Grosjean, sont passées de très bonnes à très tendues. Pour ne pas dire inexistantes avec le président Venanzi. Lequel a même écrit deux fois à mon administrateur général pour se plaindre de mon travail, notamment sur les finances du club ! Alors que je ne faisais que mon métier de journaliste en analysant les difficultés financières du Standard, tout en me basant sur des avis d'experts-comptables patentés. À l'heure où j'écris ces lignes, Alexandre Grosjean n'est plus le Directeur Général du Standard. Et le club a été vendu à des investisseurs américains.

En réalité, j'aime bien aussi Tilleur (combien de fois ne suis-je pas allé au stade de Buraufosse pour le journal *La Dernière Heure*?), mais aussi le FC Liégeois. Je fais mienne ici la formule de mon mentor Raymond Arets qui répétait souvent «Je suis rouge, bleu et blanc». Le président du RFC Liégeois, l'avocat Jean-Paul Lacomble, est un ami. Il m'a même proposé un jour de devenir le directeur général de son club. J'ai dû décliner cette flatteuse proposition. Mais j'ai une affection toute particulière pour les «Sang et Marine», leur histoire, leur tradition, la perte injuste de leur stade. Et si Liège pouvait, enfin, s'extirper, de cette difficile série de la Nationale 1, je serais franchement le plus heureux des hommes...

Mais j'ai aussi beaucoup de respect pour le Sporting de Charleroi, une vraie ville de foot. Et pour les deux «grands» de notre championnat: Bruges et Anderlecht, que j'ai accompagnés en coupes d'Europe. Finalement, mon club préféré entre tous, c'est encore le Bayern Munich que j'ai toujours admiré pour son mode de gestion, son palmarès et le respect de ses anciens joueurs.

Avec les Diables Rouges

Après ce long excursus, revenons-en à mon cher Manuel Jous. Nous avons également commenté en duo toute une série de rencontres de l'équipe nationale belge. On a attendu tellement longtemps que les Diables Rouges reviennent dans un grand tournoi qu'on avait fini par ne plus y croire. De 2004 à 2014, on s'est «farci» toutes les galères de l'équipe nationale et de ses entraîneurs. Avec, successivement, la naïveté parfois confondante d'Aimé Anthuenis, la causticité lassante de René Vandereycken et la roublardise récurrente de Georges Leekens. Trois coaches nationaux aux styles bien différents, mais partageant le même constat d'échec, au terme de campagnes finalement plus éliminatoires que qualificatives.

Avec Manu, on s'est « tapé », passez-moi l'expression, des déplacements exotiques, du Kazakhstan à l'Arménie en passant par la Bosnie (quatre fois !) et son improbable stade de Zenica pour rentrer souvent bredouilles. À Zenica, il y avait plus de spectateurs que de places ! L'ambiance était non seulement chaude, mais franchement hostile, y compris pour la presse. Nous n'étions pas trop rassurés, nous les journalistes, mais, heureusement, les Belges n'y gagnaient jamais ! Je suis aussi allé deux fois à Erevan, la capitale de l'Arménie. Un pays historiquement marqué par la souffrance. J'ai découvert avec émotion le Mémorial du génocide de 1915. Dans le plus beau restaurant de la ville, on se serait cru dans un musée consacré à Charles Aznavour. Il y avait des photos de lui partout. Il est vrai que le chanteur français a fait beaucoup pour son pays d'origine, notamment, après le terrible tremblement de terre de 1988. Pour ce qui est d'y commenter un match de football, c'est vraiment l'art consommé de la débrouille. Comme toujours, le service technique de la RTBF avait commandé une « ligne » pour le reportage radio en direct de Manu et moi-même. Mais, arrivés sur place, on avait juste droit à un vieux combiné téléphonique ! Pour commenter le match, on se le passait manuellement. Assez surréaliste... mais finalement assez habituel dans les stades des pays de l'Est.

De Voronej à Erevan

Il y eut aussi la fameuse épopée de Voronej, aux confins de la Russie et de l'Ukraine. En novembre 2010, les Diables Rouges de Georges Leekens allèrent y disputer un match amical et, pour des raisons techniques, l'avion dut se poser à Moscou. Ce vieux Tupolev branlait de partout. Il devait d'ailleurs se crasher quelques semaines plus tard lors d'un atterrissage forcé... Frissons rétrospectifs garantis ! Nous sommes restés bloqués des heures à l'aéroport de Moscou. Je me souviens y avoir pris un café avec Marouane Fellaini et Eden Hazard, deux des plus grandes vedettes de l'équipe. C'est totalement inconcevable aujourd'hui dans ce football professionnel hyper-compartimenté. D'autant que depuis quelques années, les Diables ne voyagent plus avec la presse, mais uniquement avec les sponsors. Bref. Finalement, nous sommes arrivés nuitamment, dans un palace moscovite que la Fédération russe avait mis à la disposition de toute la délégation (à savoir plus de cent personnes !). J'y disposais d'une suite plus grande que mon appartement liégeois !

Le lendemain, à l'aéroport de Voronej, il fallut encore attendre les bagages très, très longtemps. Nous sommes arrivés à l'hôtel à 15 heures... pour en repartir une heure plus tard ! Et au stade de Voronej, rien ne fonctionnait techniquement. Dans ces cas-là, difficile de ne pas s'énerver. Même si cela ne sert à rien. Mais pour ce match de fin d'après-midi, les auditeurs de Vivacité méritaient mieux qu'un commentaire par GSM dans le bruit de l'ambiance du stade ! Un souvenir de galère complète sauf pour Romelu Lukaku qui devait y inscrire les deux premiers buts de sa carrière en équipe nationale. Heureusement, quelques années plus tard, la Russie était parfaitement prête pour accueillir la Coupe du monde.

Mais revenons à l'Arménie. Quelques années plus tard, dans les environs du stade d'Erevan, en pleine banlieue, je me suis retrouvé seul à 00 h 03 devant des taximen... qui s'arrêtaient de travailler à minuit ! Comment rentrer à mon hôtel ? Je connais un grand moment de solitude. Finalement, après de longues négociations en anglais et avec le langage des mains, un des gars accepte gentiment de me prendre en charge. Mais j'étais incapable de lui donner le nom de l'hôtel où je séjournais ! Je n'avais aucune carte magnétique de la chambre de l'hôtel ! Je lui ai dit que c'était tout près d'un monument imposant (de style stalinien, forcément) et qu'il y avait une grande piscine... avec un jacuzzi. Fort de ces maigres informations, il a retrouvé le nom de mon hôtel ! Comme la course de quinze kilomètres m'avait coûté... cinq euros, je lui en ai donné le double pour le remercier ! Un pourboire qu'il n'oubliera probablement jamais... Il n'y a pas à dire, les voyages forment la jeunesse... J'ai toujours considéré que les taximen étaient un bon baromètre de l'opinion publique. J'adorais discuter avec eux lors de mes déplacements professionnels. À Budapest, un taximan hongrois m'a expliqué, dans un allemand impeccable, ses années de travail dans une usine est-allemande juste après la création de la République démocratique allemande. À Zurich, je suis tombé sur un taximan américain installé en Suisse. Le gars est super sympa. Il me dépose, je paye et il me lance : « Nous nous recroiserons sans doute. Zurich est trop petite pour deux personnes de notre qualité ! » Dans la jolie ville de Salzbourg, je joins l'utile à l'agréable lors de deux déplacements européens du Standard. Je souhaite en effet découvrir tous les sites où ont été tournées quelques scènes de mon film culte : *La Mélodie du bonheur*. Je loue un taxi pour une demi-journée. Et nous voilà partis avec mon copain Eric Lalmand, photographe de l'agence Belga. À chaque endroit choisi, je chante la chanson correspondante du film. Eric me filme et la taxiwoman croate est écroulée de rire.

Revenons-en aux déplacements de l'équipe nationale, alors dans le fond du trou. Car, à l'époque, à peine une quinzaine de journalistes suivent encore les Diables Rouges en déplacement. L'Union belge de football distribuait même des tickets gratuits pour les matches au stade Roi Baudouin, mais les gens n'en voulaient pas ! Cela ne les intéressait pas d'aller encourager la Belgique dans ces circonstances aussi tristounettes. Cela peut paraître incroyable aujourd'hui, mais c'est la stricte vérité.

Brésil 2014

Enfin, Marc Wilmots vint comme coach national. Et les Diables se qualifièrent pour le Mondial au Brésil. Le doublé de Romelu Lukaku à Zagreb, lors du match décisif de qualification en octobre 2013, je ne l'oublierai jamais. Je l'aimais bien, moi, Marc Wilmots avec son éternel franc-parler, son bel enthousiasme et son goût de la belgitude, un rien suranné. Il a remis au goût du jour la fierté du drapeau, la fierté de l'hymne national aussi. Se débrouillant bien dans les trois langues nationales, époux d'une avocate flamande, le Hesbignon incarnait assez bien cette Belgique unitariste qu'il voulait amener vers les sommets footballistiques.

La Coupe du monde au Brésil, en 2014, fut une aventure inoubliable. Lors du premier match, face à l'Algérie, à Belo Horizonte, on était tout excités avec Manu. Enfin, on le tenait ce fameux direct radio dans une grande compétition. À 0-1 à la pause, on en menait déjà beaucoup moins large. Puis Fellaini et Mertens, tous deux venus du banc, font la différence. La suite du tournoi fut exaltante avec la découverte du légendaire stade du Maracanã à Rio, l'incroyable huitième de finale face aux États-Unis, où le gardien Tim Howard avait tout arrêté avant de s'incliner face à Kevin De Bruyne. Et, enfin, l'élimination en quarts de finale des œuvres de l'Argentine de Messi, dans ce stade de Brasilia complètement inutilisé aujourd'hui. La veille du match contre les États-Unis, nous avions pris la route ensemble avec mon excellent confrère et néanmoins ami Philippe Vandeweyer du journal *Le Soir*. Nous allions couvrir la conférence de presse de l'équipe américaine et de son coach allemand, l'ancien joueur vedette Jürgen Klinsmann. Nous devions effectuer septante kilomètres pour rejoindre São Paulo et les installations du club san pauliste de Palmeiras où les Américains s'entraînaient. Comme le Brésil jouait un match en même temps, nous avons croisé en tout et pour tout... trois voitures sur l'autoroute ! C'était incroyable. Mais le GPS de la voiture de Philippe a malheureusement connu quelques ratés. Et plutôt que de rallier les quartiers résidentiels de São Paulo, on s'est au contraire retrouvés dans une favela, un bidonville, dont nous ne parvenions plus à sortir tellement nous tournions en rond ! Les minutes s'égrenaient de manière un peu angoissante. Philippe voulait sortir de la voiture pour aller demander son chemin. En bermuda et avec son accréditation autour du cou ! L'endroit étant vraiment peu sûr, je l'en ai vertement dissuadé. Je n'ai pas de honte à le confesser: le fait d'être perdu à cet endroit avait quelque chose d'anxiogène pour moi. Même si les habitants de ce bidonville étaient littéralement agglutinés devant les écrans de télévision pour suivre les exploits de la Seleção et ignoraient superbement cette voiture de location qui repassait devant eux pour la troisième fois. Finalement, on a trouvé une issue et, pour rejoindre notre destination finale, on a suivi un taximan... qui n'en revenait pas qu'on ait pu s'extirper de ce quartier réputé très dangereux.

Revenons-en à l'élimination face à l'Argentine sur le score d'un but à zéro. Après la rencontre, dans ce qu'on appelle la *mixed zone*, la zone des interviews, arrive le défenseur Daniel Van Buyten. Le joueur du Bayern avait livré une dernière Coupe du monde formidable. C'était son dernier match et il venait de mettre un terme à sa carrière quelques minutes auparavant. En interview, il a soudainement craqué et a fondu en larmes. Avec pas mal de regrets dans son discours. Voir ce colosse d'1,97 m en pleurs face à moi, le colosse aux pieds d'argile, c'était vraiment très émouvant. Cette épopée brésilienne, ce fut aussi une aventure exaltante en dehors du foot avec la découverte de la mythique plage de Copacabana, de la magnifique ville de Salvador de Bahia et de l'atypique et moderne capitale Brasilia, dessinée par l'architecte Oscar Niemeyer. Après vingt-huit jours sur place, on est rentrés fourbus, mais heureux... avec quand même un petit goût de trop peu. Même si l'Argentine était, objectivement, plus forte que la Belgique.

Euro 2016

Deux ans plus tard, changement de décor complet avec l'Euro 2016 organisé en France. Manuel Jous, grand épicurien devant l'éternel, avait dégoté une charmante petite auberge gastronomique dans le Médoc. Il connaissait l'adresse pour y avoir logé un an plus tôt lors d'un stage préparatoire des Diables Rouges. Nous étions surtout non loin du complexe du Haillan, le centre d'entraînement du club de Bordeaux, devenu le camp de base des Diables Rouges pendant cet Euro. Non loin, non plus, de la résidence secondaire de Marc Wilmots, qui a joué à Bordeaux et qui connaît la région comme sa poche. Dans cette auberge, on a fait trois fois le tour de la carte du resto et j'ai pris cinq kilos en trois semaines ! Sportivement, l'aventure s'est arrêtée, contre toute attente, en quarts de finale face au Pays de Galles de Gareth Bale. Quelle désillusion ! Et dire qu'après le but d'ouverture de Radja Nainggolan, nous en étions presque à déjà chercher un hôtel pour la demi-finale à Lyon. Le pire, pour achever cette soirée particulièrement cafardeuse, c'est qu'on a dû redescendre en avion à Bordeaux pour aller rechercher notre voiture. Alors que nous étions à Lille, à moins de deux cents bornes de chez nous ! Rien à voir avec le joyeux retour de Toulouse, au tour précédent, après la qualification, facile, contre la Hongrie. Manu et moi avons été pris d'un tel fou rire sur l'autoroute que j'ai bien cru qu'on allait faire un accident. Mourir de rire en quelque sorte...

Cet Euro fut donc intéressant et parfois amusant. Avec Manu, nous avons aussi commenté la finale France-Portugal au Stade de France et l'étonnante victoire portugaise. Avant le match, l'expérimenté entraîneur Guy Roux nous l'avait confié en interview. Il ne voyait pas la France gagner, car elle avait laissé trop d'influx et de forces physiques dans sa demi-finale contre l'Allemagne. Une fois de plus, le « sage d'Auxerre » avait vu juste...

Mais, sur le plan professionnel, cet Euro ne fut pas toujours passionnant dans le travail au quotidien. Car les entraînements des Belges n'étaient ouverts que dix minutes à la presse avant qu'on ne tire la grande bâche du huis clos. Au Brésil, on avait pu voir toute la préparation de l'équipe sur le terrain, sans la moindre exception. En deux ans, le football s'était décidément bien cadenassé. Après l'Euro, Roberto Martínez est arrivé pour succéder à Marc Wilmots. On s'est vite rendu compte que l'entraîneur espagnol était un homme charmant, mais qu'il tenait un discours très lisse avec les journalistes. Lisse, pour ne pas dire lénifiant. Après quelques mois, j'ai décidé de ne plus couvrir les Diables Rouges. Je pense que Martínez se méfiait de la presse depuis son passage en Angleterre. Où, il est vrai, les tabloïds ont parfois l'habitude de déraper. Bref, le nouveau coach n'avait pas grand-chose à dire et, en plus, il le disait en anglais. Avec, pour un journaliste radio, la double contrainte de la traduction et du doublage. Pas mal de chipotages sur le plan technique, très peu pour moi ! À vrai dire, je n'ai jamais été un grand fan de l'entraîneur espagnol et je ne comprends toujours pas comment il n'a pas été, à tout le moins, « débriefé » après le gros échec de l'Euro 2021. La Fédération belge avait fixé les « demi-finales minimum » comme objectif. Or, la Belgique a été éliminée en quarts de finale par l'Italie. C'était donc un échec. Mais sans aucune conséquence. Forcément puisque, depuis des années, Martínez cumule les fonctions de coach et de directeur technique du football belge.

Depuis le départ du dirigeant brugeois Bart Verhaege, il n'y a plus de commission technique au sein de l'Union belge ! Bref, Martínez ne doit plus rendre de comptes à personne ! Marc Wilmots n'avait pas eu droit au même traitement de faveur après l'échec gallois de 2016.

Des rois sans couronnes ?

Il y a gros à parier que cette « génération dorée » de notre football ne s'apparente finalement qu'à une équipe de rois sans couronnes. C'est-à-dire des joueurs très doués, mais qui ne récolteront pas le moindre trophée. Pas même une petite Nations League. Entre nous, je n'attends plus grand-chose de la prochaine Coupe du monde au Qatar, à la fin de l'année. L'ossature de l'équipe, et surtout sa défense, aura trop vieilli. En prime, on a tous mal au cœur quand on voit les difficultés que connaît actuellement Eden Hazard au Real Madrid. Je reste persuadé que c'est en 2018, lors de la Coupe du monde en Russie, que les Belges ont vraiment raté le coche. Après avoir éliminé les Brésiliens (favoris du tournoi) en quarts de finale, ils auraient pu, ils auraient dû, aller au bout de cette Coupe du monde. Le coup de tête victorieux du défenseur français Samuel Umtiti en demi-finale en a décidé autrement. Ce revers contre nos voisins hexagonaux a fait très mal. Sportivement et dans notre amour-propre. L'équipe de Didier Deschamps nous avait donné une terrible leçon de réalisme qui confinait presque au cynisme tactique. Et Roberto Martínez n'a jamais trouvé la solution pour faire déjouer ce solide bloc français.

Après la victoire contre l'Angleterre dans la petite finale, on a fait la fête à Bruxelles pour célébrer dignement cette troisième place. Il y avait pas mal de monde, c'était sympa, mais ce n'était quand même, à vrai dire, qu'une médaille de bronze... en chocolat. En réalité, objectivement, la déception aurait dû l'emporter sur cette allégresse. Mais le fait d'avoir fait mieux que les illustres aînés de 1986 (quatrièmes lors de la Coupe du monde au Mexique) semblait être, visiblement, le plus grand motif de satisfaction pour tout le monde. En Belgique, la «culture de la gagne» n'est pas encore solidement ancrée dans les gènes. Cela étant, j'aurai eu le plaisir pendant toutes ces années de côtoyer, et de souvent interviewer, cette génération talentueuse avec des garçons comme Thibaut Courtois, les frères Eden et Thorgan Hazard, Thomas Meunier, Kevin De Bruyne, Axel Witsel, Romelu Lukaku, Vincent Kompany, Dries Mertens. D'excellents footballeurs. Mais aussi des gars intelligents, structurés, avec une bonne éducation et souvent un discours intéressant. Des *good boys* en quelque sorte...

Russie 2018

En 2018 et en 2021, j'ai commenté d'autres matches de grands tournois, mais en télévision cette fois. Mon baptême du feu lors de la Coupe du monde 2018 avait été «gratiné» avec un match de poules entre l'Iran et le Maroc dans l'immense vaisseau de Saint-Pétersbourg, le stade le plus cher du monde. Une sorte d'énorme soucoupe volante à la Steven Spielberg déposée sur une presqu'île au bord de la Neva! Ne connaissant qu'assez peu les joueurs des deux équipes, je stressais comme un jeune communiant. Et commenter en télévision, c'est très différent de la radio ! À la mi-temps du match, Michel Lecomte m'a appelé pour me remonter les bretelles. Et il avait raison ! Je parlais beaucoup trop ! Confondant l'exercice du commentaire radio avec celui de la télévision. « Laisse respirer l'image, arrête de parler de temps en temps, ne bombarde pas le téléspectateur avec des infos connexes et reste bien concentré sur le match en cours », autant de précieux conseils du chef dont j'ai tenu compte par la suite. Cette Coupe du monde en Russie a été très agréable. J'ai arpenté le pays, de ville en ville, pendant dix-sept jours. De Sotchi à Rostov en passant par Kazan, Samara et Ekaterinbourg avec son stade improbable. Les organisateurs avaient en effet disposé à l'arrière de l'ancienne tribune une nouvelle structure métallique pour atteindre la jauge des 30 000 spectateurs exigée par la FIFA ! J'y avais commenté la rencontre France-Pérou. Dans l'avion, à l'aller comme au retour, j'étais perdu au milieu de tous les supporters péruviens qui faisaient la fête... malgré la défaite ! Même si leur équipe ne gagnait pas, même si une Coupe du monde à l'autre bout de la planète représentait un gros budget pour eux, ils gardaient le moral. Croiser tous ces supporters chaleureux et colorés, cela fait aussi partie du charme et du folklore d'un tournoi. Surtout quand on a pu éradiquer le fléau du hooliganisme, ce qui fut un des mérites du pays organisateur. Mais pas le seul. En Russie, personne ne parle anglais, ou presque. L'application Google Traduction fonctionnait donc partout, à plein régime. Mais on avait l'impression que chaque Russe se coupait en quatre pour faire de ce tournoi une véritable réussite. Certains diront pour en faire, surtout, une belle vitrine pour le régime de Vladimir Poutine. Oui sans doute. Et à Moscou, juste avant le début du tournoi, j'ai même eu le plaisir de visiter un cimetière ! Et non des moindres. La magnifique nécropole de Novodievitchi était située près du stade où nous allions retirer les accréditations, le précieux sésame pour circuler librement. Une nécropole incontournable où reposent pas mal de personnalités soviétiques et russes. À peine arrivé, mon regard croise celui d'une vieille dame. Elle tient à la main un arrosoir, histoire d'entretenir sans doute l'une ou l'autre tombe. En un instant, elle a compris que je recherchais les tombes de quelques gloires nationales. Et elle m'a servi de guide, sans dire un mot, simplement avec le geste. Il fallait aussi décrypter les inscriptions funéraires écrites en cyrillique pour comprendre que j'étais devant la dernière demeure de Boris Eltsine, de Nikita Khrouchtchev, de Raïssa Gorbatchev, du compositeur Sergueï Prokofiev (mort exactement le même jour que Staline, le 5 mars 1953, dans l'indifférence générale) ou de celle de l'ancien champion olympique de saut en hauteur, Valeriy Brumel. Très intéressant...

Un Euro sous le signe de la COVID

Trois ans plus tard, l'Euro 2020, déjà reporté d'un an, a bien évidemment été très particulier en raison de la COVID. Avec mes collègues, nous avons dû commenter une série de matches non pas sur place, mais en cabine depuis Reyers, à Bruxelles. Cela demeure toujours un exercice périlleux. Sans ambiance, sans les repères pratiques du terrain, sans informations recueillies sur place. Puis, nous sommes partis une semaine sur le terrain, entre deux tests PCR, deux autotests, deux autorisations professionnelles à montrer et deux formulaires PLF à remplir.

Un véritable parcours administratif du combattant ! À mon programme, tout d'abord la découverte de la magnifique ville de Budapest, sur les rives du Danube. J'y commente le match entre les Pays-Bas et la République tchèque en huitièmes de finale. Parmi mes priorités, la visite de la tombe du légendaire Ferenc Puskás, l'ancien attaquant vedette hongrois du Real Madrid. Celui qu'on avait surnommé le « major galopant » repose à tout jamais dans la crypte de la basilique Saint-Étienne de Pest. Un monument funéraire en marbre blanc, sobre, mais solennel, à côté d'autres gloires magyares.

Après un détour par une ville de Glasgow quasiment déserte en cette période de crise sanitaire, je me suis retrouvé ensuite, à nouveau, à Saint-Pétersbourg pour le quart de finale entre l'Espagne et la Suisse, tombeur surprise de la France au tour précédent. La magnifique Cité des Tsars connaissait alors un foyer très élevé de contaminations avec plus de 250 morts par jour. Pourtant, sur les bords de la Neva, tout le monde se promenait sans masque, y compris dans les restos, les taxis et les transports en commun, c'était à peine croyable ! Au retour, dans l'immense avion de la compagnie Brussels Airlines, nous étions moins de dix passagers à bord. Une expérience tout aussi surréaliste que le reste de ce minitrip footballistique.

Le Milieu du terrain

Quand le scandale du Footgate a éclaté en octobre 2018, j'ai été, comme tout le monde, surpris par son ampleur. Après autant d'années dans le métier, je savais, évidemment, que le monde du foot était un univers sans foi ni loi. Un milieu où le mensonge et l'argent régnaient en maître. Mais cette opération Mains propres, cette avalanche de perquisitions, d'inculpations et d'incarcérations le même jour, c'était vraiment spectaculaire. Quelques semaines plus tard, j'en parlais avec mon ami Patrick Remacle, par ailleurs journaliste d'investigation réputé. Et on a décidé de se lancer tous les deux dans cette aventure difficile: réaliser un documentaire TV sur les coulisses et les problèmes du football belge à partir de l'affaire du Footgate. Des coulisses où presque personne ne veut parler dès lors qu'il y a un micro ou une caméra. La loi du silence y règne en maître, c'est l'omerta totale. Ce fut un long travail pour trouver des interlocuteurs, fussent-ils anonymes, des infos, des révélations, des preuves, des documents accablants. Patrick amenait son savoir-faire et son expérience en matière de méthodologie dans l'investigation. Il enseigne d'ailleurs cette matière aux étudiants de l'IHECS, haute école de journalisme et de communication à Bruxelles. J'amenais mon carnet d'adresses et mes connaissances footballistiques. Nous étions donc parfaitement complémentaires. Certes, on a eu quelques tensions entre nous concernant le montage final, la crise sanitaire nous a sérieusement retardés dans le planning et la diffusion a été plusieurs fois postposée. Mais on y est arrivés ! Les derniers jours avant la diffusion furent assez stressants à vivre. Je recevais des coups de fil de personnes qui ne m'appelaient jamais. Chacun voulait savoir ce qu'il y avait dans l'émission. Malgré quelques (rares) réactions négatives au sein de la maison, le docu a été très bien accueilli par le public. Il a très bien fonctionné en termes d'audiences (tant en linéaire qu'en vision sur Auvio) et en termes de retentissement auprès du grand public. Qui était bel et bien notre cœur de cible, au-delà des passionnés et des spécialistes de foot. Les gens ont été frappés que des matches puissent être achetés par des montres ou qu'un arbitre, garant suprême de l'éthique, puisse être impliqué dans des arrangements. La corruption, c'est la face la plus sombre du football. Plus encore que la fraude fiscale ou le blanchiment d'argent. Nous avons consacré une large partie du film aux frères Bayat. Leur mainmise progressive sur le football belge reflète, tout à la fois, leur savoir-faire, mais aussi la faiblesse du système et des clubs. Pour nous, ils étaient totalement incontournables dans le récit. Mogi Bayat n'a pas répondu à nos sollicitations pour avoir sa réaction. Mehdi Bayat nous a reproché publiquement «d'avoir fait une émission à charge». Nous n'avons pas très bien compris cet argument, d'autant qu'il a eu largement l'occasion de s'exprimer dans notre film. Comme prévu, certains membres du milieu du foot m'en ont voulu et ne veulent plus me parler depuis la diffusion du *Milieu du terrain*. C'est le cas de l'ancien CEO de la Pro League, Pierre François. Je me suis pourtant toujours bien entendu avec lui. C'est un homme intelligent et compétent. Aujourd'hui, il estime avoir été trahi dans l'interview qu'il nous a donnée, ce qui est inexact. En fait, il a été mis en difficulté sur un dossier précis (le transfert de Cyriac du Standard à Anderlecht par l'agent Mogi Bayat) et il m'a téléphoné, par deux fois, pour voir si ce passage serait retenu dans le montage final. Le journaliste a sa liberté. Et la vérité a ses droits...

Après la diffusion du reportage, je me suis fait allumer sur les réseaux sociaux, mais dans les limites du raisonnable. Les supporters de certains clubs sont revenus, encore et toujours, avec les mêmes arguments sur ma supposée posture pro-Standard.

Étrange dès lors que, dans le documentaire, on mettait aussi en lumière certaines pratiques illicites du côté de Sclessin. Mais bon, j'avais été jusqu'au bout de mon idée. J'avais conçu ce documentaire comme une sorte de «testament» journalistique, à quelques mois de la fin de ma carrière. Car j'avais fait le tour de la question. Quelques semaines plus tard, les révélations fracassantes de l'ancien agent Dejan Veljkovic dans le documentaire *Pano* de la VRT ont permis de retaper sur le clou. Cela a fait du bruit, beaucoup de bruit. Le Serbe accusait quasiment tout le football belge d'avoir joyeusement magouillé avec lui. Preuves à l'appui. On a compris dans les jours qui ont suivi la ligne de défense stratégique des personnes mises en cause par le repenti: «Dejan Veljkovic ment!» Sauf que pour obtenir ce statut inédit de repenti dans l'histoire judiciaire de Belgique, il ne pouvait précisément pas mentir. C'était même la condition *sine qua non* pour avoir sa remise de peine. Et le parquet fédéral ne pouvait agir avec la moindre légèreté en cette circonstance quasi historique. Une enquête minutieuse, des écoutes téléphoniques, de nombreuses auditions, moult vérifications ont permis au parquet de rédiger un solide mémorandum pour obtenir ce statut de repenti devant la chambre des mises en accusation d'Anvers. Au début de cette année, nouveau coup de tonnerre. Le réquisitoire du parquet demande le renvoi de cinquante-six personnes devant un tribunal. Tout le gratin du football belge y figure, d'Anderlecht à Bruges en passant par le Standard, Gand, Genk et Charleroi. Parmi la liste des inculpés: Mehdi Bayat et François de Keersmaecker, soit deux anciens présidents de la Fédération belge! Mais aussi Bruno Venanzi qui, *in illo tempore*, m'avait même proposé, par l'intermédiaire d'Alexandre Grosjean, le directeur général du Standard, de financer mon enquête journalistique sur le

Footgate. Au cas où la RTBF aurait fait marche arrière pour une raison ou une autre ! Le président Venanzi a d'ailleurs proposé un deal identique à deux autres journalistes que je connais très bien. L'opinion publique demeure, soit en partie peu intéressée, soit un peu sceptique. La justice ira-t-elle jusqu'au bout ? Il y aura sans doute des transactions pénales pour certains inculpés. Mais il y aura à coup sûr un procès avec quelques figures majeures de notre football au rang des prévenus. Depuis lors, les langues se délient. C'est le moment du grand déballage. L'ancien homme fort d'Anderlecht Herman Van Holsbeeck, peut-être rattrapé par d'autres dossiers, a été incarcéré. Et, après le dépôt d'une nouvelle plainte par l'ancien président du Standard Roland Duchâtelet, le landerneau est à nouveau secoué par les faits présumés de corruption autour de matches de 2014 que nous avions soulevés dans notre documentaire. On espère qu'alors, les instances du football belge (Pro League et Fédération) sortiront, enfin, de leur silence assourdissant et de leur léthargie et se porteront partie civile. Histoire de faire toute la lumière sur ces affaires et de traquer jusqu'au bout ce mal récurrent que demeure la corruption.

Malheureusement, je ne suis pas persuadé que tout va fondamentalement changer dans le football belge. En tout cas pas de l'intérieur. Car le mal est endémique et surtout systémique. Dans ce petit milieu du foot belge, tout le monde se connaît, tout le monde se protège et tout le monde en profite. Puisque le club voisin magouille un peu, pourquoi n'en ferais-je pas de même ? Des protagonistes importants du dossier, un moment inquiétés par la justice, sont toujours là. À commencer par Mogi Bayat qui demeure le « roi du mercato » à chaque campagne de transferts. Vincent Mannaert, pourtant inculpé, est à la tête de la Ligue professionnelle, en tandem avec Wouter Vandenhaute, le président anderlechtois. Depuis quelques mois, la Pro League et la Fédération ont pris quelques timides mesures. Mais c'est plus pour se donner bonne conscience en matière de gouvernance que de véritables réformes radicales. À terme, la solution pourrait venir de la justice ou du politique. Quoi qu'il en soit, avec la crise sanitaire et les nombreux matches à huis clos, les réformes fiscales et sociales imposées, à terme, par le gouvernement aux clubs professionnels (qui bénéficiaient, étrangement, d'un régime social particulièrement avantageux) et les retombées du Footgate, certains clubs vont certainement connaître de grosses difficultés financières dans les mois à venir. Aujourd'hui, je pars un peu écœuré par ce milieu du foot. Depuis des mois, je vois même ce sport différemment. Le jeu du ballon en lui-même reste gai, passionnant, tactique, technique et indécis. Amusant à regarder et toujours aussi plaisant à commenter. Mais tout ce qui se cache derrière s'apparente à un milieu qui offre bien les caractéristiques d'un système maffieux. Mensonges à tous les étages, sentiment quasi permanent d'impunité, omerta, grosses sommes d'argent, fraude fiscale, corruption, intimidations : le tableau n'a vraiment rien de réjouissant. Parallèlement aux enquêtes de l'opération Mains propres à Hasselt, deux magistrats, le procureur Julien Moinil et le juge Michel Claise, ont ouvert une kyrielle de dossiers liés au foot au parquet de Bruxelles. C'est un peu le principe des poupées russes, une affaire débouchant sur une autre. Je cite, dans le désordre, les dossiers relatifs à l'ancienne direction d'Anderlecht, inculpée pour des anomalies dans la revente du club bruxellois au nouveau propriétaire Marc Coucke, le club de Mouscron qui a été inculpé, les agents Christophe Henrotay, Patrick De

Koster, Didier Frenay, Pini Zahavi perquisitionnés, interrogés, inculpés, voire même incarcérés pour certains. La parole se libère et les joueurs qui se sentent trahis par leurs anciens agents vident leur sac. Cela nous promet encore pas mal de rebondissements dans les mois à venir.

Jean-Mi, Justine, Tia et les autres

Heureusement qu'il n'y a pas que le foot dans la vie. Dans ma carrière, j'ai été amené à couvrir bien d'autres disciplines. Notamment à l'occasion des trois Jeux olympiques où j'ai été l'un des envoyés spéciaux de la RTBF en radio. Avec Pierre Dozot et Jean Duriau, deux joyeux et charmants compagnons, je dois dire qu'Athènes 2004 fut assez sympa, voire festif par moment. Avec mes deux camarades, on s'était fixé comme objectif de placer le plus souvent possible dans nos interventions radio le nom d'un athlète qui n'existait pas : Pipisaccroupis. Ce dernier se retrouva tour à tour, et au fil des jours, athlète, kayakiste, pongiste, nageur ou lutteur ! Une bonne blague de potache qui me fait encore sourire près de vingt ans plus tard...

Des jeux sympas et festifs, donc, dans une véritable canicule estivale. Mais des jeux laborieux aussi, au sens premier du terme. Avec une grosse charge de boulot. Aussi l'abus de Metaxa (alcool grec) est-il peu conseillé à la veille d'une longue journée de compétition. Je me souviens avoir été couvrir le match très matinal de Jean-Michel Saive avec un terrible mal de crâne, témoin, entre autres, d'une nuit trop courte. Jean-Mi avait été éliminé dès le premier tour du tournoi de tennis de table par un joueur nigérian inconnu. Il était forcément très morose à l'interview. Mais le fait de le retrouver à mon micro dans des Jeux olympiques avait quelque chose de symboliquement fort pour moi. Jean-Michel Saive, je l'ai en effet connu tout gamin. J'ai même joué contre lui dans le grenier de sa maison familiale, à Ans ! À l'époque, j'avais consacré plusieurs articles à la cellule familiale qui mettait tout en place pour la réussite sportive des deux frangins, Jean-Michel et Philippe. Aujourd'hui encore, je dis bravo pour tout le boulot accompli à leur maman, Jeanine, et au regretté papa, Jean-Paul, un homme à l'humour à froid délicieux. Pour la petite Belgique, c'était une réussite exceptionnelle d'avoir deux champions de cette trempe dans une disciple outrageusement dominée par les Chinois. Jean-Mi a été numéro 1 mondial pendant de longs mois, ne l'oublions pas. D'ailleurs, en Chine, les frères Saive sont connus et respectés. Nous avions pu le tester lors des Jeux de 2008. Mais cette réussite du clan Saive est totalement atypique. Car elle a pu se construire en dehors des structures officielles de la Fédération, de l'ADEPS ou du Comité olympique. Un phénomène qui devait se reproduire, quelques années plus tard, avec le clan Borlée, emmené par le coach-papa Jacques.

J'ai toujours eu une tendresse particulière pour Jean-Michel Saive. Un grand champion, un gars bien, qui est resté simple et accessible. Super chaleureux aussi. Chaque fois qu'on se voit, on s'aborde de la même manière : « *Et ké novel ?* » On est Liégeois ou on ne l'est pas... Il y a bien longtemps, je lui avais prédit qu'il deviendrait, un jour, le président du Comité olympique et interfédéral belge, le COIB. Je ne sais pas s'il s'en souvient. Expert et passionné par de nombreux sports, intelligent, polyglotte, doté d'un très bon relationnel et d'un excellent carnet d'adresses, bref je voyais chez lui le profil parfait. Et j'étais présent, il y a quelques mois, lorsqu'il a été effectivement élu président du COIB, au Passage 44, à Bruxelles. Quand il a évoqué la mémoire de son papa, il a fondu en larmes devant la caméra. À n'en pas douter, Jean-Paul devait être très fier, de là-haut, de voir la réussite de son rejeton. Le frère cadet, Philippe, un homme aux multiples casquettes et aux nombreux talents, est lui aussi un très bon copain. En réalité, nous nous sommes retrouvés dans plusieurs soirées avec mon frère Philippe dans le groupe restreint des «fratries connues», comprenant les Taloche, les Saive, les Soreil ou autre Mansion dont le tube «C'est l'amour» nous a fait tant plaisir dans les années 1980. C'étaient toujours des soirées conviviales. Mais revenons aux Jeux d'Athènes. Dans une chaleur étouffante, ce fut aussi la grande semaine olympique de Justine Henin. Elle a joué quotidiennement comme une grande championne, tout en découvrant l'atmosphère particulière du village olympique. Rien à voir avec celle qu'elle connaissait dans les tournois du Grand Chelem. Ici, elle vivait en communauté avec l'équipe belge et non pas en semi-retraite avec son coach, Carlos Rodríguez. Sa demi-finale contre Anastasia Myskina est restée dans les mémoires; particulièrement pour ceux qui étaient sur place dans ce petit stade. Un match de légende. Menée 5-1 dans la «belle», après avoir elle-même mené 5-4 dans la deuxième manche, la Rochefortoise a finalement renversé la situation. La Russe était littéralement pétrifiée sur le court alors que notre Juju nationale alignait les jeux gagnants, telle une machine infernale. La finale était déjà programmée le lendemain. Ce sera contre la Française Amélie Mauresmo ou l'Australienne Alicia Molik, qui s'affrontaient plus tard dans l'autre demi-finale. Vu que sa partie avait été à rebondissements, Justine avait terminé son match assez tardivement. Or, je devais encore rentrer rapidement au Media Center pour y monter ma matière radio et l'envoyer à Bruxelles. Ce n'était pas la porte à côté, car le site olympique était très grand. Et les moyens de communication n'étaient pas encore aussi sophistiqués qu'aujourd'hui. Comme je l'avais interviewée tous les jours, nous avions développé, elle et moi, une certaine complicité. Alors, je lui ai demandé un petit service assez original. Et elle a accepté immédiatement. Et c'est là que j'ai vu toute son intelligence et sa disponibilité. J'ai réalisé deux interviews distinctes en fonction de l'adversaire qu'elle pouvait affronter en finale ! Elle a répondu très professionnellement aux deux cas de figure !

Ce fut finalement Amélie Mauresmo, mais il n'y eut pas de match, car la joueuse française a été littéralement surclassée. Mais que d'émotions au moment du podium et de *La Brabançonne* ! Jamais, dans l'histoire des Jeux, une sportive belge n'avait été sacrée championne olympique. Et on a beau tenter de se contrôler, c'est difficile pour un journaliste sportif de ne pas être un peu chauvin dans de telles circonstances. Il faut dire que le décorum avec les drapeaux, les hymnes nationaux et la remise des médailles donnent au moment une certaine solennité et incitent à l'émotion. Dans le berceau historique des Jeux olympiques, tous les médaillés recevaient en outre, symboliquement, les lauriers des vainqueurs, histoire de rendre hommage aux cérémonies des jeux antiques.

Pékin 2008

Quatre ans plus tard, en 2008, c'est un changement radical de décor avec les Jeux de Pékin. Des Jeux remarquablement organisés, mais dans une discipline assez stricte, on s'en doute. La cérémonie d'ouverture a été grandiose. Les prestations des Belges un peu moins. Chaque jour, on attendait une médaille, chaque jour on était un peu plus déçus. Ce n'était plus, comme l'indiquait le slogan de l'équipe belge *One team, one dream*, mais plutôt *One team, no medal*. J'ai eu le bonheur de commenter les sessions d'athlétisme en radio. Les Belges y ont brillé de mille feux. Sur 400 m, Kévin Borlée a battu le record de Belgique en demi-finales. Et le relais 4 x 400 m, coaché par Jacques Borlée, avait terminé à une très jolie cinquième place. Et c'est bien l'athlétisme qui devait sauver le bilan olympique du sport belge, lors du dernier week-end de compétitions. Le relais 4 x 100 m féminin emmené par Olivia Borlée et ponctué par Kim Gevaert a été sensationnel. Décrochant une remarquable médaille d'argent qui devait même, quelques années plus tard, se transformer en médaille d'or, à la suite de la disqualification des athlètes russes pour dopage. Kim Gevaert était vraiment une belle personnalité : jolie, douce, intelligente, polyglotte, mélomane, performante. Une grande championne et une vraie compétitrice. C'était toujours un plaisir de la rencontrer tout au long de ces années. Celle qu'on avait surnommée la « gazelle de Kampenhout » s'est forgé un des plus beaux palmarès de l'histoire du sport belge dans une discipline, le sprint, où il n'est jamais aisé de faire son trou pour une athlète européenne. Mais je dois avouer que j'avais surtout un petit faible pour son alter ego du saut en hauteur, Tia Hellebaut. Mon « coup de foudre professionnel » pour l'Anversoise remonte aux Jeux d'Athènes en 2004. Tia avait tout de suite été éliminée dans la finale du concours du saut en hauteur, terminant bonne dernière. On la voyait en pleurs sur les grands écrans du stade olympique athénien. Ses larmes m'avaient touché. Mais Tia Hellebaut devait prendre son envol, au propre comme au figuré, à peine deux ans plus tard, lors d'inoubliables championnats d'Europe à Göteborg, en Suède. La petite Belgique avait même réussi l'exploit improbable de décrocher deux médailles d'or avec Kim et Tia en l'espace de cinq minutes. Les deux athlètes, les deux copines, étaient tombées dans les bras l'une de l'autre après le 200 m victorieux de Gevaert, enveloppées dans le même drapeau belge. Plusieurs confrères étaient même venus me féliciter en tribune de presse, mais, franchement, je n'y étais pas pour grand-chose... J'avais juste fait le job, à savoir devenir le chantre de leurs exploits. En 2008, lors de la finale olympique du saut en hauteur, Tia Hellebaut engagea un terrible bras de fer sportif et psychologique pour l'or avec la favorite, l'immense Croate Blanka Vlašić. Depuis la séance qualificative de l'avant-veille, j'avais confiance, car Hellebaut respirait la forme et la sérénité. Quand elle a poussé Vlašić dans ses derniers retranchements à 2,05 m et décroché la médaille du plus beau métal, elle a couru vers les gradins pour tomber dans les bras de son compagnon et coach Wim Vandeven et de sa famille. Le souvenir de 2004 était effacé, les larmes athéniennes vengées. J'avais vraiment du mal à contenir mon émotion dans ce direct que pas mal de gens ont entendu, un samedi en fin d'après-midi. Des années plus tard, dans un célèbre collège liégeois, j'animais une vente aux enchères pour une œuvre philanthropique. Le maillot du titre olympique pékinois de Tia Hellebaut faisait partie du lot. Depuis la scène, j'ai fait monter les enchères.

C'était mon boulot. Mais, à la grande surprise du public et des autres acheteurs potentiels, j'ai surenchéri fortement en dernière minute. Et j'ai finalement décroché ce « trophée » tant convoité. Car ce maillot, je le voulais, coûte que coûte. Il trône aujourd'hui en bonne place dans mon appartement. Dédicacé par Tia Hellebaut, ce maillot aux couleurs olympiques de la Belgique, ce petit top de rien du tout, a pour moi encore l'odeur de l'exploit...

Les émotions sont souvent très fortes en athlétisme. Et les athlètes, bien plus disponibles que les footballeurs, soit dit en passant, vont souvent au bout d'eux-mêmes. Il est parfois, dès lors, très difficile de les interviewer, à chaud, juste après leurs courses, après les efforts insensés qu'ils ont fournis. Je me souviens que la Bruxelloise Anne Zagré avait complètement craqué dans une interview. C'était juste après un 100 m haies qu'elle avait, techniquement, loupé lors d'un championnat du monde. J'avais sans doute été trop « cash » dans ma question sur l'analyse de sa course et elle avait aussitôt éclaté en sanglots. Un moment qui m'avait paru interminable. Je ne savais plus que faire. Mais je n'avais d'autre choix que de celui d'attendre, spectateur embarrassé de cette détresse et de ces larmes. Je revois aussi les frères Borlée, couchés sur le sol dans les couloirs du stade, à la recherche de leur deuxième souffle. Il est vrai que le 400 m est une épreuve terriblement exigeante et impitoyable, un sprint long d'un tour de piste. Jacques Borlée l'appelle la « course des seigneurs ». C'est assez juste...

LONDRES 2012

À Londres en 2012, les Jeux furent une réussite exemplaire. Une organisation impeccable, une grande fête populaire et de nombreuses performances de premier choix. Le nageur américain Michael Phelps avait étoffé encore davantage sa moisson de médailles d'or qu'il portera finalement à vingt-trois ! Lors des incroyables cérémonies d'ouverture et de clôture, les organisateurs britanniques avaient battu le rappel de toutes les gloires nationales, du groupe rock Queen à l'inénarrable Mr Bean en passant par Sir Paul McCartney, les Monty Python ou les Spice Girls. Même S.M. la Reine Élisabeth II et son espion préféré James Bond étaient de la partie. Ils avaient prêté leur concours pour un sketch hilarant avec arrivée en hélicoptère et atterrissage en parachute sur la pelouse du stade olympique. *So British*... Les compétitions devaient confirmer la suprématie d'Usain Bolt sur le sprint planétaire. Quand on a vu débouler ce géant jamaïcain aux Mondiaux d'Osaka en 2007, on a vite compris qu'on allait avoir affaire à un athlète d'exception. C'était non seulement un champion hors norme, mais aussi un *showman* exceptionnel. Une véritable star dans toute l'acception du terme. Il a fait un bien fou à l'athlétisme qui se cherchait précisément une icône depuis les retraites de Carl Lewis ou du perchiste soviétique Sergueï Bubka. Bolt était supersonique. Il a bousculé tous les points de repère chronométriques, explosé tous les records, ébranlant au passage toutes les certitudes biomécaniques de l'athlétisme. Comment est-il possible humainement, morphologiquement, de courir un 100 m aussi vite (9 s 58 aux championnats du monde de Berlin) ? L'ombre du dopage a parfois plané, certes, d'autant que la Jamaïque n'était pas réputée particulièrement *clean* en la matière. L'opinion publique, le Comité international olympique (CIO), le monde de l'athlétisme, tout le monde s'est posé la question. Mais, jamais, au grand jamais, l'octuple champion olympique n'a été contrôlé positif. En 2011, aux championnats du monde de Daegu, en Corée du Sud, je logeais dans le même hôtel que le journaliste et réalisateur français Gaël Leiblang. Il avait suivi Bolt pendant des mois pour réaliser un documentaire remarquable sur le champion jamaïcain. Il avait gagné sa confiance et partagé son intimité aux Caraïbes. Évidemment, je l'ai interviewé. Et il m'a assuré que tout était naturel chez Bolt. Et que sa force, c'était surtout sa décontraction. Le lendemain, Leiblang assistait à la finale du 100 m depuis les tribunes, avec une caméra, installé à côté de la maman de Bolt. Ce dernier était tellement décontracté qu'il commit un faux départ de débutant avant d'être disqualifié...

Au bout du compte, c'était sans doute un miracle de la nature de voir ce garçon d'1,95 m développer naturellement ses foulées de 2,50 m. Il y aura, à n'en pas douter, un avant et un après Bolt. Et comme il célébrait toujours ses succès avec un tour d'honneur sur un air de reggae, j'étais personnellement ravi, moi qui demeure un fan inconditionnel de Bob Marley. J'y reviendrai...

Aux Jeux de Londres, on a cru un moment que les frangins Borlée allaient nous décrocher deux médailles individuelles sur 400 mètres. À 24 ans, ils étaient au top de leur forme, au sommet de leur art. En séries, Jonathan avait même pulvérisé le record national avec un chrono exceptionnel de 44 s 43, s'approchant même du vieux record d'Europe, un peu « douteux », détenu par l'athlète est-allemand Thomas Schönlebe

(44 s 33 en 1987). Mais les demi-finales furent plus difficiles pour les jumeaux. En finale, ils terminèrent cinquième et sixième, après avoir, il est vrai, hérité de mauvais couloirs, ceux à la corde et de l'extérieur. N'avaient-ils pas couru trop vite au premier tour de compétition? La question mérite d'être posée. L'important dans le 400 m est aussi de bien gérer trois courses en si peu de jours. On a toujours le sentiment que les Borlée ont raté le coche dans cette finale du 400 m orpheline, une fois n'est pas coutume, d'athlètes américains, pourtant grands spécialistes de la discipline. Il n'empêche qu'on ne peut passer sous silence l'apport exceptionnel de la famille Borlée à l'athlétisme belge. Avec, au-delà des résultats et du panache pour Kévin et Jonathan, cette impression permanente d'être en présence d'athlètes parfaitement *clean*. Dans une épreuve où la suspicion règne en maître quand on voit les chronos signés par de très jeunes athlètes venus des Caraïbes...

Cinq ans plus tard, je me retrouvais dans ce même stade olympique de Londres pour commenter les championnats du monde 2017. L'enceinte olympique était devenue le stade du club de West Ham et la capacité en spectateurs avait été largement réduite. On a assisté au sacre mondial de Nafissatou Thiam qui confortait ainsi son titre olympique de Rio sur l'heptathlon. Le 800 m, c'est quand même génial à commenter. Il y a de la tension, du suspense et du dépassement de soi-même par les athlètes. Comme dans le 1500 m, ultime épreuve du décathlon chez les hommes. Ce sont eux et elles les dieux et les déesses du stade. Eux et elles qui courent, sautent, lancent sans relâche pendant des heures dans des compétitions étalées sur deux jours... Lors de cette séance finale de demi-fond, on va puiser dans ses dernières réserves.

C'est le couronnement, dans la douleur, d'efforts insensés pour les heptathloniennes et les décathloniens. Nafissatou Thiam, c'est une athlète exceptionnelle, dénichée par mon vieux pote Roger Lespagnard. Il m'avait dit, *in tempore non suspecto:* « Thierry, au FC Liégeois, j'ai une bombe parmi les athlètes que j'entraîne. Et elle va bientôt exploser. » Le tout avec ce délicieux accent fléronnais qui fait le charme de Roger, par ailleurs ancien bourgmestre de Fléron. Pour avoir connu trop de promesses non tenues dans le monde du sport, trop d'espoirs qui n'avaient pas confirmé, j'étais un peu sceptique. Mais, cette fois, j'avais tort. Et Roger Lespagnard, vieux briscard des pistes et expert en épreuves multiples (pour rappel, ancien décathlonien, il a participé à trois Jeux olympiques), avait raison. Il a littéralement façonné son athlète avec de bonnes vieilles méthodes d'entraînement, à l'ancienne. Il a véritablement poli ce diamant brut pour l'amener au sommet de son art et à se forger un palmarès exceptionnel avec deux titres olympiques, un titre mondial et un titre européen. C'est quand même dingue de se dire que, depuis vingt ans, un petit pays comme la Belgique propose, non-stop, des athlètes de très haut niveau. J'aurai eu la chance et le bonheur de commenter quelques-uns de leurs plus beaux exploits. Londres 2017 devait être aussi le chant du cygne pour Bolt, qui se blessa en finale des relais. Une page se tournait... Personnellement, c'étaient mes cinquièmes et derniers championnats du monde après Helsinki, Osaka, Berlin et Daegu. Ajoutez-y deux championnats d'Europe *outdoor* (Göteborg et Barcelone) et quatre *indoor* (Birmingham, Paris, Göteborg et Prague) : j'ai donc eu le bonheur de commenter onze grands rendez-vous internationaux. Sans compter les Jeux olympiques. Et sans oublier l'indémodable Mémorial

Ivo Van Damme, toujours aussi agréable à vivre en raison de l'ambiance qui règne dans les gradins et de la qualité du plateau réuni au stade Roi Baudouin.

Le métier de journaliste

Depuis le début de ma carrière, j'ai toujours essayé de m'intéresser au plus grand nombre de sports différents. Ma formation en presse écrite m'y a fortement aidé. Je suis très souvent contacté, pour un conseil ou pour un entretien, par des jeunes qui rêvent d'exercer notre métier. Dans la mesure du possible, j'essaye de leur répondre ou même de les rencontrer. Je leur tiens souvent le même discours. La connaissance des langues est un facteur important de réussite dans notre profession. Je n'ai jamais étudié le néerlandais et cela m'a parfois handicapé dans un pays où la plupart des grands sportifs sont flamands. Heureusement, nombre d'entre eux se débrouillent très bien en français. Un exemple: dans le noyau des Diables Rouges, seuls Alderweireld, Vanaken ou Trossard ne pratiquent pas du tout la langue de Molière. Je conseille aussi aux «journalistes en herbe» de s'intéresser à un maximum de disciplines différentes, de faire preuve d'audace et d'imagination, de ne pas hésiter à recouper leurs sources, à ne pas toujours croire ce qu'on leur raconte (surtout dans le monde du football où, comme j'aime le répéter, «tout le monde ment tout le temps sur tout») et à se construire un tissu relationnel assez large. Les informateurs, c'est essentiel pour celui qui veut pratiquer le journalisme d'investigation. Il faut les choyer, les protéger, les respecter. Cela finit toujours par payer. L'investigation, cela a été mon sport favori dans la dernière partie de ma carrière. Mais je vois bien que ce journalisme-là n'intéresse plus guère les jeunes générations. On vit à l'heure des réseaux sociaux, du digital à tout crin. On consomme l'info à la manière d'un *fast food*. Tout, tout de suite. Parfois, sans la moindre rigueur élémentaire. Et le rêve de nombreux journalistes en devenir demeure, avant tout, de commenter un match de football. C'est effectivement un aspect agréable du métier, mais ce n'est pas le seul à mes yeux.

Une princesse à Francorchamps

Si les sports moteurs ne m'ont jamais réellement passionné, je l'avoue, j'ai pourtant été amené à travailler quelques fois en TV sur les 24 heures de Francorchamps dans les années 1990. C'est un souvenir inoubliable pour au moins deux anecdotes. Lors de l'édition 1995, je suis logé dans le superbe hôtel du Domaine des Hautes Fagnes, à Ovifat. Mes collègues de la RTBF logeaient tous du côté de Waimes, mais il n'y avait plus de place là-bas. Avant le souper, je prends tranquillement mon apéro au bar et je vois arriver le chanteur verviétois Jean Vallée que je connaissais bien. On papote un peu et il m'explique rapidement les raisons de sa présence dans cet hôtel. Son frère, Jean-Marie Goeders (Paul Goeders, c'est le vrai nom de Jean Vallée), gère le Parc national du Teide sur l'île de Tenerife. À ce titre, il est le sponsor d'un certain Daniel Ducruet. Oui, le mari de la princesse Stéphanie de Monaco est un passionné de sports moteurs et il s'aligne au départ de ces 24 heures. Je suis tout de suite intéressé, car je « flaire » une bonne séquence magazine de plusieurs minutes en télévision. Jean me présente aussitôt son frère et Ducruet. Tout ce petit monde est emballé par ma proposition. Je préviens aussitôt les responsables de la rédaction qui, eux aussi, marquent rapidement leur accord. Je vais donc suivre Daniel Ducruet avec mon cameraman pendant trois jours, séances d'essais et compétition comprises.

Je reste au bar, seul, heureux de cette rencontre fortuite. Dix minutes plus tard, Jean Vallée vient me rechercher. « Mais viens donc souper avec nous », me dit-il. Je refuse poliment, il insiste. Et me voilà à table en compagnie d'une dizaine de personnes, dont la princesse de Monaco ! Je n'ose pas lui rappeler que je l'ai reçue à la télévision, quelques années plus tôt, lorsqu'elle avait chanté, en anglais, dans l'émission Billets doux. Il règne comme une certaine retenue un peu pesante à table. Chacun fait attention à ce qu'il dit. J'apprends quand même, au détour des conversations, que la princesse, ses gardes du corps et les enfants s'étaient arrêtés sur une aire d'autoroute entre Bruxelles et Liège, histoire d'emporter des frites belges et du cervelas !

Le lendemain, au boulot ! Comme prévu, je suis Ducruet un peu partout dans sa préparation. À l'issue de la dernière séance d'essais, le vendredi, la princesse Stéphanie fait une apparition dans les paddocks, les coulisses du circuit. Une apparition inopinée, mais très remarquée. Une flopée de journalistes, de cameramen et de photographes se ruent littéralement vers le stand. Ducruet sort de son bolide, son dernier tour de piste accompli. Il vient vers moi et m'embrasse en me disant : « Tu vas bien ? » Mes confrères me regardent, éberlués : « Tu le connais ? » Et moi, dans le bluff total : « Bien sûr, c'est un ami ! »

J'en souris encore, rien qu'en l'évoquant. Après cela, le couple pose pour la meute de photographes et Ducruet met directement les choses au point : « Une minute de photos maintenant, puis c'est terminé ! » Le prince consort n'est pas lui-même ancien garde du corps pour rien. La maman de Daniel, sosie officieux de Jackie Sardou, m'a pris en sympathie et me demande avec insistance de bien lui envoyer la cassette avec le reportage. Ce qui sera fait. Un an plus tard, Daniel Ducruet reviendra à Francorchamps. On lui présente Fily Houtteman, une ancienne « Miss Belgique seins nus ». Et le piège est tendu. Quelques semaines plus tard, une séance de photos « chaudes » est montée par un journaliste de la presse people et un paparazzi dans une propriété du sud de la France. Cela lui sera fatal, car son couple est brisé net. Mais cela, c'est une autre histoire...

Autre grand souvenir de Francorchamps ; la voiture de Thierry Tassin qui prend feu. Avec le cameraman, Marc, nous nous trouvons sur la fameuse pit lane, juste devant les stands. Là où se déroulent les ravitaillements et les relais entre les pilotes dans cette terrible épreuve d'endurance qui fait le tour de l'horloge. Il y a, assez bizarrement, un monde fou dans cet espace de compétition. De nombreux invités des sponsors y déambulent tranquillement avec leurs badges d'accréditation. On se croirait presque rue Neuve à Bruxelles un samedi de soldes ! Je suis devant le stand de l'écurie BMW. Thierry Tassin, alors déjà triple vainqueur de l'épreuve, va prendre le relais de son équipier pour quelques heures. C'est aussi le moment du ravitaillement. C'est toujours spectaculaire et la foule se masse pour y assister. Le ballet des mécaniciens est impressionnant de rapidité et d'efficacité. Je m'apprête à interviewer le pilote qui sort de la voiture et je suis aux premières loges avec le cameraman. Soudain, je vois de l'essence gicler du réservoir. Quelques secondes plus tard, la voiture s'embrase. C'est la panique générale, tout le monde court dans tous les sens. Les extincteurs ont bientôt fait leur effet. Je reviens près de la voiture calcinée et le cameraman, imperturbable, n'a pas bougé d'un centimètre. À travers le cadre de sa caméra, la perspective des distances n'est pas la même. Mais chapeau à lui, quel professionnalisme ! C'est un habitué des sports moteurs et son expérience a parlé. Ses images sont extraordinaires ; elles feront le tour du monde.

Stop au tabac

Le team Bastos gagnait souvent à Francorchamps. Il est vrai que la marque de cigarette sponsorisait systématiquement les meilleures voitures du plateau. Dès lors, chaque année, elle organisait une grande fiesta dans une villa située sur les hauteurs du circuit. Je n'ai jamais vu de ma vie une telle gabegie de champagne. Cela coulait à flots, tout le monde s'arrosait dans tous les coins. Mais cela m'aura quand même permis de sympathiser avec le *boss* de Bastos, le très attachant et regretté Georges Paul. Aujourd'hui, les cigarettiers n'ont plus droit au chapitre du sponsoring et, sur le plan de la santé publique, on ne peut que s'en réjouir. J'ai arrêté de fumer il y a neuf ans grâce à Vivacité ! Par deux fois, Éric Gilson, le directeur de la chaîne, m'avait demandé de parrainer une opération antitabac. Une véritable croisade antitabac, en réalité, menée en collaboration avec Tabacstop, un département de la Fondation belge contre le cancer. La RTBF cherchait un visage et une voix connus d'un fumeur maison pour lui demander d'arrêter de fumer. Et avec lui, des dizaines d'autres fumeurs anonymes, auditeurs de Vivacité. Par deux fois, j'ai refusé. Puis, un jour, je me suis dit que c'était peut-être la providence qui se manifestait pour moi qui fumais un paquet par jour. J'ai contacté Éric pour lui faire part de mon adhésion. Il était évidemment ravi. J'ai pas mal discuté avec une tabacologue. J'ai opté pour les patchs. Comme tout le monde, j'ai lu l'impressionnant ouvrage de référence d'Allen Carr *La méthode simple pour en finir avec la cigarette*. Et l'opération médiatique, affiches à l'appui, a démarré le 2 mai 2013. Pour faire taire certaines méchantes langues qui se sont manifestées à l'époque, je précise que je n'ai évidemment pas touché un centime dans l'aventure. 250 auditeurs de Vivacité étaient réunis dans le même effort. Mon premier objectif était d'atteindre la fin du mois sans fumer la moindre cigarette. J'ai tenu bon. Chaque jour, je postais une petite vidéo sur Facebook pour encourager mes partenaires. Les premiers jours, c'est surtout la gestuelle de la cigarette portée à la bouche qui me manquait. Comme la météo était très printanière, j'allais me promener, je jouais au golf et tout s'est finalement bien passé. En juillet, on s'est retrouvés tous ensemble pour une sympathique journée récréative organisée par Vivacité à l'abbaye de Maredsous. Certains volontaires de départ n'étaient pas allés jusqu'au bout de l'effort. Mais c'était une belle opération de service public, et de santé publique surtout. Depuis lors, la fumée me dérange beaucoup. Et je ne comprends pas comment on peut encore fumer aujourd'hui quand je vois le prix du tabac et surtout les ravages qu'il exerce, à commencer par le cancer du poumon dont les chiffres sont implacables...

Autre sport de prédilection : le golf. Une discipline extraordinaire que j'ai un peu pratiquée. J'ai toujours adoré regarder le golf à la télévision. Un tournoi du Grand Chelem demeure un formidable *thriller* étalé sur quatre jours de compétition. Lorsque le golfeur américain Tiger Woods, véritable légende vivante sportive, a remporté pour la cinquième fois de sa carrière le prestigieux Masters d'Augusta en avril 2019, j'avoue avoir versé une petite larme. Après une période de disette de douze ans dans les « majeurs », le Tigre était de retour ! Un *come-back* sensationnel ! Quelques heures auparavant, Philippe Gilbert avait créé la sensation en gagnant Paris-Roubaix, bref un inoubliable dimanche sportif !

Un peu de tout

Au fil des années, j'ai été amené à commenter du saut d'obstacles, du handball, du volley-ball, du football en salle et même de la pétanque avec les championnats du monde au Heysel et la victoire de la France contre la Belgique. Le tireur bruxellois Jean-François Hémon (« Tichon » pour les intimes) se produisait devant son public et la pression était terrible. Et il a craqué ! En réalisant ce qu'on appelle dans le jargon quelques « trous », en d'autres termes en ratant ses premiers tirs. À l'issue de la finale, il était tellement désemparé que j'ai attendu de longues minutes avant de lui demander une réaction. Que le sport peut être cruel ! Des émotions. Positives ou négatives. Mais encore des émotions, on y revient toujours.

J'ai toujours adoré la pétanque, un sport injustement décrié et trop souvent comparé à une aimable partie de boules apéritive en vacances, verre de pastis à la main. Or, la pétanque, c'est très technique, c'est très tactique et il faut avoir les nerfs solides en compétition. Grâce à mon ami Patrick Neuville, qui organise des événements boulistiques de grande qualité, j'ai eu le plaisir de côtoyer quelques champions de tout premier plan. Voir en action un Philippe Quintais, véritable légende de la pétanque avec le plus beau palmarès de la discipline, un Philippe Suchaud ou, côté belge, le « tireur fou » Claudy Weibel, c'est vraiment bluffant de précision, d'adresse et de technicité.

De grands dirigeants belges

Lors des Jeux 2008, à Pékin, j'avais eu le privilège de pouvoir réaliser l'interview RTBF de Jacques Rogge, alors président en exercice du CIO. Pendant les Jeux, le patron du sport mondial devient un véritable chef d'État. Il me reçoit dans sa suite présidentielle, après de nombreux contrôles de sécurité pour le cameraman et moi-même. Le comte Jacques Rogge était un homme charmant, calme et impressionnant. Très diplomate aussi. Une vertu essentielle pour diriger cette institution complexe qu'est le CIO. Durant ses deux mandats présidentiels, il a dû combattre, avec plus ou moins de réussite, des fléaux comme la corruption au sein du CIO, le dopage ou encore le gigantisme des Jeux olympiques.

C'était réellement une chance pour notre petit pays d'avoir un homme de cette envergure à la tête du Comité olympique international. Après les questions-réponses officielles, retranscrites par une de ses collaboratrices, je lui ai demandé, informellement, pourquoi la pétanque ne deviendrait pas rapidement un sport olympique. Cette discipline sportive répond en tout cas parfaitement au critère essentiel de l'olympisme: l'universalité. On joue aux boules dans le monde entier, des Philippines à Madagascar en passant par l'Amérique latine, toute l'Europe ou encore le Maghreb. Rogge me répondit que de très nombreux sports figuraient dans la file d'attente pour entrer dans le programme olympique et qu'il fallait bien faire des choix. Finalement, la pétanque n'a même pas été retenue pour les Jeux de Paris 2024, un comble pour le pays qui est le berceau historique de la première partie de boules disputée, en juin 1910, à La Ciotat.

Autre grand dirigeant de l'olympisme belge, Pierre-Olivier Beckers. Un grand capitaine d'industrie dans le secteur de la distribution, un homme affable, à l'énergie mobilisatrice. Passionné lui-même par ce sport, il a beaucoup fait pour le développement de l'équipe nationale de hockey. Jusqu'à la consécration des Jeux de Tokyo avec le superbe titre olympique. Mais même les plus grands peuvent parfois avoir des faiblesses. Je ne peux résister à la tentation de vous narrer une anecdote à ce sujet. Après la médaille d'argent du 4 x 100 m féminin aux Jeux de Pékin, c'est l'allégresse dans le camp belge. Philippe Rogge (fils de Jacques et chef de la délégation belge) et le président du COIB, Beckers, ne cachent pas leur joie. Cette médaille s'est tellement fait attendre qu'elle est appréciée à sa juste valeur. Dans les couloirs du stade, je croise les deux hommes et je les félicite. Et, dans l'ivresse du moment, Pierre-Olivier Beckers lance à la cantonade: «Rendez-vous compte, nous n'avions aucune médaille et, là, nous en avons quatre d'un coup ! » Je ne sais trop s'il plaisante, ou pas. Je lui fais aussitôt remarquer que, dans le fameux tableau des médailles par pays, cela ne comptera que pour une seule et unique médaille. Il s'entête : « Non, non, nous aurons quatre médailles. » Et c'est là que je lui réponds : « Non, en fait six avec les deux réservistes du relais ! » Je vois le doute s'installer dans son regard. Et quand j'ajoute qu'on en aura même sept puisque « le cheval qui a gagné le saut d'obstacles la veille était belge », il éclate de rire et comprend alors son erreur. Un joli moment de surréalisme à la belge.

Tout au long de ces années de carrière dans le sport, j'ai connu de beaux moments. Le sport m'a permis de voyager et, de mon côté, j'ai tenté de faire voyager les auditeurs. Je n'ai jamais été avare d'un petit commentaire historique ou géographique. J'ai toujours estimé que c'était la petite valeur ajoutée par rapport à l'événement sportif « brut ». J'ai rencontré de belles personnes, j'ai croisé de grands champions, j'ai connu de belles émotions. Des liens plus amicaux se sont tissés avec certains confrères, toujours les mêmes, qui accompagnent telle ou telle équipe en déplacement. L'un d'entre eux, Benoît Delhauteur, transfuge de *La Dernière Heure/Les Sports*, est même devenu mon chef de rédaction dans ma dernière ligne droite professionnelle. Les hasards de la vie ! Benoît a eu le redoutable honneur de succéder à Michel Lecomte, un monument du service public. Mais je n'ai aucun doute quant à la réussite de son projet, même s'il n'est pas toujours facile de mobiliser les troupes. Car une certaine résignation règne parfois dans la rédaction et la crise sanitaire a évidemment bousculé toutes les habitudes de travail. Benoît est un grand spécialiste du digital.

On nous a assez répété que c'était l'avenir de la maison et qu'il fallait rapidement s'y adapter. Personnellement, je ne m'y retrouve plus trop dans toutes ces nouvelles technologies. Je suis, comme on dit, de la « vieille école » et il est temps pour moi de passer la main. Je serai toujours là pour donner un conseil ou un numéro de téléphone, mais je quitte le milieu du sport sans nostalgie et sans regret. Chaque chose en son temps. J'ai envie de me consacrer à l'écriture, de chanter, de donner des conférences. De temps en temps, je regarderai encore un match de foot ou un championnat d'athlétisme à la télévision. Je pense que je pourrai assez facilement tourner la page. Ce n'est pas donné à tout le monde apparemment. Mais, depuis quelques années, j'ai déjà développé une série d'activités connexes à ma profession, en phase avec mes hobbys : le chant, l'histoire, l'écriture. Certains ressentent une forme de vertige au moment de prendre leur pension. Ils redoutent le précipice de l'inactivité soudaine et totale. Je ne pense pas que ce sera mon cas.

CHAPITRE 4
LES AMIS DISPARUS

En l'espace de deux ans, entre 2002 et 2004, j'ai connu la tristesse de perdre deux amis très chers. Deux amis aux profils et aux personnalités bien différents: Pierre Rapsat et Raymond Arets. L'un chantait, l'autre écrivait, mais, finalement, ils étaient tous les deux des artistes de très haut vol dans leur discipline respective.

Pierre Rapsat

J'ai connu Pierre Rapsat au début des années 1980 par l'entremise de mon frère Philippe. Et je dois dire que le courant est tout de suite bien passé entre nous. J'admirais déjà l'artiste pour l'avoir applaudi en concert à maintes reprises et j'ai rapidement découvert un homme sympathique, drôle, cultivé, attachant. Avec des moments de folie passagère qui me plaisaient beaucoup et dans lesquels je me retrouvais quelque peu. En tant qu'artiste, j'admirais chez lui la qualité de ses chansons, bien sûr, mais aussi sa manière d'occuper l'espace scénique et de parler avec le public. De manière parfois un peu trop «bon enfant», un peu trop «*amon nos aûtes*» au début de sa carrière, de façon beaucoup plus professionnelle par la suite. Un jour, je vais voir Rapsat en concert au Waux-Hall de Nivelles avec un copain. Nous arrivons en retard, chose que je déteste par-dessus tout. Nous devons déranger quelques spectateurs pour accéder à nos places. Un monsieur me dévisage et me dit: «Je vous connais!» Bon, évidemment, ce genre de réflexion m'est assez coutumière. Et il ajoute: «Oui, je vous reconnais: vous êtes pompier à Wavre!» De quoi remettre sérieusement les choses en perspective! Une bien belle leçon de modestie et d'humilité, debout, entre deux rangées...

Nous partagions avec Pierre Rapsat un sens aigu de la fête, souvent jusqu'au bout de la nuit. En réalité, j'aurais même pu écrire la biographie interdite de Pierrot. J'ai des souvenirs de quelques virées mémorables avec lui. Avec toujours une grande complicité. Nous nous connaissions bien. Tellement bien que l'on savait l'un et l'autre, en reconnaissant à un signe, toujours le même, quand nous entrions dans la «phase 2» de la soirée. Pierrot entamait alors «Pour moi la vie va commencer» de Johnny alors que moi, à l'entendre, je tenais mon *long drink* de manière différente, la main posée plus haut sur le verre...

Nous avions aussi mis au point un petit gag récurrent lors des nombreux repas partagés au restaurant. Le dialogue donnait à peu près ceci:
— Moi: «Dis, Pierrot, cela n'est pas encore sorti, hein?»
— Pierre: «Non, mais ne t'inquiète pas, cela va venir!»
Les autres convives étaient évidemment intrigués par cette conversation un peu énigmatique. Immanquablement, dans

la demi-heure qui suivait, une personne un peu pique-assiette du groupe attablé demandait poliment à Pierre:
— «Dites, monsieur Rapsat, pourquoi n'avez-vous pas percé en France?»
—«Pierrot, cette fois, on y est!», m'exclamais-je alors!
Je savais que cette thématique, à force de l'entendre, commençait à l'énerver sérieusement. Mais nous avions pris la bonne option de tourner cela en dérision. D'autant qu'il n'y avait pas de réponse vraiment rationnelle à cette question. Les astres ne s'étaient jamais véritablement bien alignés pour lui à cet égard. Il y avait eu plusieurs occasions manquées dans l'Hexagone. C'était profondément injuste, mais c'était comme ça...

Mais ramener mon amitié avec Pierre Rapsat à des guindailles ou quelques beuveries serait vraiment beaucoup trop réducteur. Pendant toutes ces années, nous avons beaucoup discuté tous les deux. De tout et de rien. De films, de musique, de la vie, de politique, de nos peines, de nos joies. Je l'ai interviewé dans plusieurs émissions, en le vouvoyant chaque fois, à sa grande surprise. Et puis on avait la même passion de supporters pour le club de basket de Pepinster. Les troisièmes mitemps étaient toujours longues et sympas dans le vénérable Hall Jean Simon, sur les bords de la Hoëgne, avant que les Pepins ne montent dans la grande salle sportive de Wegnez, sur les hauteurs de la commune. Jeannot Dethier ou Christian Lemaire comme joueurs, Pierre Raskin, Vicky Bosquin ou Jean-Pierre Darding comme dirigeants, Julien Marnegrave ou Giovanni Bozzi comme coaches, autant de noms qui me reviennent aussitôt en mémoire lorsque je repense à ces belles soirées d'amitié et de sport. De temps en temps, Pierrot m'appelait à la maison, sur mon fixe, et c'était parti pour un long entretien. Toujours chaleureux et toujours passionné. Toujours à l'écoute de l'autre, sa plus grande qualité. Tout l'intéressait et il s'intéressait à tout. Cette saleté de cancer, ce « putain de crabe » est arrivé juste au moment où sa carrière allait s'envoler. Il m'envoie un jour une démo de son dernier titre. C'est la maquette d'une chanson avant que le disque ne sorte dans le commerce. J'écoute religieusement « Tous les rêves » et je reste ébahi. Littéralement scotché dans mon salon. J'appelle Pierre illico et je lui lance : « C'est ton chef-d'œuvre ! Tu es touché par la grâce ! » Silence. Je le devine ému et flatté par mon compliment. Tout l'album sera du même tonneau. Il est magnifique. Et le concert qui s'ensuit au Forum de Liège aussi. Véritablement du grand art. Alors que la France lui ouvre, enfin, grand les bras, un funeste destin s'acharne sur lui. Il lutte pendant des mois contre cette satanée maladie. Je suis très embarrassé face à cette situation. Non, en fait, je suis très lâche, n'ayons pas peur des mots. Je n'ose pas l'appeler. Alors c'est lui qui m'appelle. « Thierry, comment vas-tu ? Eh, je ne suis pas encore mort, hein ! Le vieux lion a la peau dure ! » Les larmes m'envahissent, je ne sais que dire. On se croisera encore deux ou trois fois pendant cette période délicate. Son physique a changé, mais sa vivacité d'esprit et son humour sont intacts. Puis l'inévitable drame se produit en avril 2002. Nous fêtons en famille les 75 ans de mon papa quand la terrible nouvelle nous est communiquée, à mon frère et moi. Pierrot s'en est allé ! Quelques jours plus tard, ses funérailles verviétoises seront terriblement émouvantes. Une cérémonie à son image : sobre et classieuse. Je pleure non-stop pendant une heure, d'autant que ses chansons résonnent dans cette église pleine à craquer. Des centaines de fans sont restés sur le parvis. On retrouve la même émotion au cimetière d'Ensival pour l'inhumation. Il y a du monde, beaucoup de monde. Je tombe dans les bras de son musicien et ami Didier Dessers, son talentueux complice du dernier album, j'étreins mon ami et humoriste Vincent Taloche, un autre proche de Pierrot. Tout le monde est bouleversé. Mourir à 53 ans, quelle injustice ! Quel drame pour son épouse Marie-Ange (« Micky » pour les intimes) qu'il surnommait parfois l'Autrichienne parce qu'elle était originaire de la région germanophone ! Quelle tristesse pour son fils, Thomas ! Pour ses sœurs. Et pour son frère Marco (un joyeux drille) qui deviendra un de mes bons potes avant de s'en aller, lui aussi, beaucoup trop tôt. Au cimetière, j'aperçois de loin Salvatore Adamo et je lui fais un petit signe discret. Et cet homme qui est une véritable star de la chanson, qui a vendu cent millions de disques dans sa carrière, oui, cet homme fait un long détour pour venir simplement me saluer. Quelle élégance, tout à l'image du personnage adorable qu'est Salvatore. Je suis alors à mille lieues d'imaginer que, cinq ans plus tard, je reverrai Salvatore Adamo pour d'autres funérailles, celles de mon frère Philippe...

Le départ de Pierrot créera un vide immense. Avec son frère Marco, nous évoquerons encore souvent sa mémoire grâce, notamment, à de croustillantes anecdotes. Et puis ses chansons vivent toujours. Parfois je me repasse le double album *live* du Cirque Royal, à fond la caisse, dans ma voiture. Et cela me fait du bien. L'émotion est toujours présente, mais elle cède rapidement place à l'admiration. Pierre était un auteur-compositeur-interprète de grand talent. Je lui posais souvent des questions sur le mystère de sa création artistique. Il me disait : « Parfois, j'ai l'idée d'une musique et je descends aussitôt dans mon studio. Ou, à l'inverse, j'ai d'abord l'idée d'un texte et je couche aussitôt quelques phrases sur un bout de papier.»

C'était vraiment un mélodiste merveilleux, mais avec aussi des textes intéressants. D'une tendresse infinie et surprenante parfois. Réécoutez aussi la chanson «Aurore» consacrée à sa grand-mère qui avait fui l'Espagne franquiste et vous serez bouleversé... Salut, l'artiste!

Raymond Arets

Raymond Arets était un homme impressionnant. Un journaliste d'envergure. Un touche-à-tout de génie. Commentateur sportif à la radio, journaliste et présentateur télévisé (il présentait les émissions TV7 Club ou Vendredi Sports), journaliste de presse écrite, auteur de nombreux livres sur le football, il était à l'aise dans toutes les disciplines. Ce pur Liégeois était devenu un des piliers du quotidien bruxellois *La Dernière Heure/Les Sports*. En 1980, ce journal recrutait alors quelques collaborateurs sportifs. Raymond le fait savoir à mon frère (ils étaient collègues à la RTBF), qui m'en parle à son tour. Je postule aussitôt et me voilà engagé à la pige par le quotidien sportif bruxellois. Mes premières contributions sont plus que modestes. Je couvre le foot promotionnaire et provincial. Mais, comme dirait l'autre, j'ai le pied à l'étrier. Chaque dimanche, je téléphone dans les clubs auprès des correspondants qualifiés pour avoir les comptes rendus des matches. Selon un rituel immuable, Raymond Arets arrive vers 18 heures dans la petite rédaction liégeoise du journal située boulevard d'Avroy.

Il couvrait alors alternativement les matches du Standard et du FC Liégeois. Sur un bureau, il dépose sa pipe, ses cigares, ses cigarettes et il se met à écrire. Jamais au grand jamais, tout au long de sa carrière, il ne tapera le moindre texte sur une machine à écrire. Et ne parlons même pas d'un ordinateur ! Non, il noircit consciencieusement ses feuillets avec une écriture si particulière qu'une seule personne peut la déchiffrer à la rédaction centrale. Compte rendu du match pour le journal du lundi, analyse pour l'édition du mardi, article pour le magazine *Sport 80* du mercredi, il enchaîne les articles pendant deux heures sans quasiment relever la tête. Son feutre glisse littéralement sur le papier. C'est très impressionnant !

Pour moi, il deviendra bientôt le plus charmant des mentors et même une sorte de second père, mon papa professionnel en quelque sorte. J'ai fréquenté Raymond Arets pendant près d'un quart de siècle. Nous sommes allés manger tous les mois ensemble au restaurant, nous invitant à tour de rôle. Et je ne l'ai jamais tutoyé ! Jamais ! Impossible pour moi. Trop de respect. Eh oui, je suis de la vieille école. Aujourd'hui encore, j'ai le tutoiement difficile. Et je suis parfois stupéfait du nombre de personnes que me tutoient immédiatement, sans me connaître, même si c'est plus fréquent pour un personnage public. Bref, avec Raymond, la relation devient vite autant amicale que professionnelle. C'est un as de l'écriture et son inspiration est multiple et féconde. Il commet quotidiennement un billet d'humeur dans *La Dernière Heure*. Abordant tous les thèmes. Politiquement, lui le fils d'un échevin socialiste, lui l'ancien journaliste du quotidien syndicaliste FGTB *La Wallonie*, il flirte parfois dangereusement avec un populisme très à droite qui ne me plaît pas trop et nous en débattons. En réalité (c'était une de ses expressions favorites), on parle de tout. De foot, bien sûr, de la vie, de nos amours. Nous sommes devenus des amis intimes. Je ferai d'ailleurs partie du cercle très restreint qui assistera à la dispersion de ses cendres au cimetière de Robermont en 2004. Sont présents : le coach Robert Waseige, son ami de toujours malgré une brouille passagère, le brillant journaliste et animateur Guy Lemaire, son autre « fils spirituel ». Mais aussi son fils Michel, le reste de la famille et Ariane, son dernier amour. La garde rapprochée en quelque sorte. Monsieur Arets m'a beaucoup appris. C'était un excellent pédagogue. Il m'a inculqué les notions de rigueur, de méthodologie, de recherche de l'information. Il m'a expliqué comment construire un réseau. À Liège, c'était vraiment le roi. Il avait ses entrées partout... et les bonnes infos avant tout le monde ! Une véritable machine à scoops. Toujours très sûr de lui, il affichait un côté gentleman un peu caustique et, à coup sûr, très épicurien. Le cigare de qualité et le bon verre de whisky faisaient partie intégrante de son mode de vie. Raymond était aussi un insomniaque chronique. Il ne savait pas s'endormir avant 5 heures du matin. Alors, parfois, il m'appelait vers minuit pour prendre de mes nouvelles ou me commander un article. Pour lui, en somme, nous n'étions qu'en début de soirée ! Certains l'avaient surnommé ironiquement le « Bouvard de la Sauvenière » vu ses origines liégeoises et ses diverses activités. Qui n'était pas sans rappeler celles de son illustre collègue français. Bref, c'était vraiment un personnage, une pointure comme on dit aujourd'hui. C'est aussi grâce, ou à cause de lui, que je me suis retrouvé attaché de presse du Standard en 2000. Lucien d'Onofrio, le *boss* de Sclessin, cherchait un attaché de presse liégeois et un peu connu. Raymond m'avait recommandé auprès de lui. J'ai beaucoup hésité avant de poser ma candidature. J'en ai longtemps parlé avec Raymond Arets et avec certains de nos amis communs avant de prendre ma décision. J'ai finalement rallié le Standard... avant de retourner à la RTBF à peine quelques mois plus tard. Mais cela n'a en rien altéré ma relation avec ce grand monsieur. Ce ne fut finalement qu'une simple péripétie dans notre parcours amical. Je l'ai vu une dernière fois sur son lit d'hôpital, quelques jours avant sa disparition. Contraint et forcé, il avait dû abandonner le tabac. Mais, même très affaibli par la maladie, il avait encore eu le courage de me charrier un peu avec ce style taquin qui faisait son charme. C'est la dernière image que je garderai de lui. Raymond Arets est aujourd'hui injustement tombé dans un semi-oubli. La nouvelle génération de journalistes ne le connaît pas, ou plus. Moi, je ne l'oublierai jamais. Et je repense souvent à la petite phrase qu'il m'adressait chaque fois en prenant congé de moi: «Soyons braves et tout le monde sera étonné!»

CHAPITRE 5
MA VILLE DE LIÈGE

Ce n'est un secret pour personne, je suis liégeois et fier de l'être. « Né natif » de Liège, comme on dit chez nous. La Cité ardente porte fièrement, et logiquement, son nom. Liège est perpétuellement en ébullition. Mais peu de gens connaissent l'origine de cette appellation contrôlée. Elle est, en réalité, le titre d'un roman de chevalerie homonyme publié en 1904. Un roman évoquant la guerre que se livrent la principauté de Liège et le duché de Bourgogne. On doit ce roman au comte Henry Carton de Wiart (1869-1951) qui fut, par ailleurs, Premier ministre. En 1905, dans le discours inaugural qu'il prononce à l'occasion de l'Exposition internationale de Liège, le prince Albert, futur roi Albert Ier, réutilisera cette expression qui passera, alors, à la postérité. Autre grand moment d'histoire de la Cité ardente quelques années plus tard. Le 21 juillet 1919, Liège est la première ville non française au monde à recevoir la Légion d'honneur. Elle est remise par le président français Raymond Poincaré au bourgmestre de Liège, Gustave Kleyer. Motif: la résistance héroïque des douze forts de Liège lors de l'avancée allemande en août 1914. Nous sommes alors au tout début du premier conflit mondial. Cinq ans plus tard, pas moins de 120000 personnes en liesse sont rassemblées sur la place Saint-Lambert pour fêter cette commémoration.

Pour moi, sans aucune objectivité, Liège, c'est le sens de la fête, la convivialité, la culture avec un opéra renommé et de nombreuses compagnies théâtrales, le football avec le Standard et le FC Liégeois, la francophilie, la Meuse et sa dérivation et leurs nouvelles berges si bien aménagées, une université réputée internationalement, un conservatoire qui a formé tant de grands musiciens, les fêtes mariales et folkloriques du 15 août, dans le quartier d'Outremeuse, qui rassemblent des centaines de milliers de visiteurs. Liège, c'est aussi le premier marché de Noël de Belgique (à l'initiative de mon petit-cousin, le très créatif Pierre Luthers), le superbe palais des princes-évêques devenu aujourd'hui le palais de justice, la place Saint-Lambert qui fut en travaux pendant une période interminable, la fameuse gare ferroviaire de l'architecte Calatrava, bâtiment trop énorme sans doute et «bling-bling» à souhait, mais qui fait la fierté des Liégeois. Mais Liège, c'est encore le Taureau, statue située aux «Terrasses» et point de départ des fêtes estudiantines, le Perron, symbole des libertés liégeoises en face de l'hôtel de ville, les boulets, le pèkèt, le lapin au sirop, les lacquemants (qu'on ne trouve nulle part ailleurs), la marionnette de Tchantchès (nom wallon de François, personnage frondeur de l'histoire liégeoise). Liège, enfin, c'est la foire d'octobre, les trémies (appellation locale pour un tunnel), la ville natale de Georges Simenon, l'auteur aux 550 millions de livres vendus, la ville natale aussi de Justine Henin, Marie Gillain, Déborah François, David Goffin, César Franck, Eugène Ysaye, Victor Hubinon, Lambert Lombard, Elvis Pompilio, Stanislas-André Steeman, Alexis Curvers, François Sterchele, Jean-Michel Saive, Robert Waseige ou Axel Witsel.

Oui, Liège c'est tout cela à la fois. Dans un esprit toujours frondeur et indépendant. Nous ne sommes pas des principautaires pour rien. Je n'ai jamais été engagé dans l'action politique. Même si j'ai été courtisé à diverses reprises par certains partis, en période pré-électorale. J'ai refusé toutes les propositions qui m'étaient faites. J'avais pourtant un slogan tout trouvé: «Vous connaissez ma voix, donnez-moi la vôtre!» Mais j'avais toujours dit, sur le ton de la demi-boutade, que je verrais d'un bon œil la renaissance, un jour, de la principauté de Liège. Dans ses frontières historiques, de Thuin à Brée en passant par Dinant, Verviers et Tongres. Autant de «bonnes villes» de la principauté ainsi qu'on les nommait jadis. Une principauté *new look*, sans prince-évêque bien entendu. Mais, politiquement et géographiquement, cela s'apparenterait à une sorte d'Euregio Meuse-Rhin élargie et non dépourvue d'intérêt. Nous aurions même, me semble-t-il, plus d'atouts économiques que la Wallonie dans sa configuration actuelle. La principauté a plutôt bien fonctionné de 980 à 1794, du règne de Notger à celui du comte de Méan, dernier prince-évêque de l'histoire liégeoise et, par ailleurs, premier primat de l'histoire de Belgique. On ne se refait pas, ma formation d'historien refait surface. C'est ce statut politique autonome au sein du Saint-Empire romain germanique qui a sans doute forgé le caractère si indépendant des Liégeois. Par contre, je n'ai jamais trop bien compris, d'un point de vue historique et non affectif, cette francophilie exacerbée, oserais-je écrire cette «francolâtrie», qui règne à Liège en permanence. Pour rappel, chaque année, le 14 juillet y est bien plus fêté que le 21 juillet. Étonnant quand même. En effet, Charles le Téméraire et ses troupes bourguignonnes ont saccagé et brûlé la ville en 1468. Des révolutionnaires liégeois revenus de France, dont le peintre Léonard Defrance, ont détruit la magnifique cathédrale Saint-Lambert en 1794. Dans la foulée, la Première République, puis le Premier Empire, nous ont annexé en créant le département de l'Ourthe. Mais, en bord de Meuse, on a la mémoire courte et, visiblement, la rancune peu tenace. Entre Liège et la France, c'est donc une très longue histoire d'amour. En 1971, alors élève de sixième primaire, j'étais un peu perdu dans la foule compacte massée devant l'hôtel de ville lors de la visite du chef d'État français Georges Pompidou. Depuis le balcon, le président de la République, accompagné de son épouse et du couple royal belge, a prononcé ces paroles: « Nous avons fait, ma femme et moi, à travers la Belgique un voyage marqué par des réceptions partout chaleureuses et touchantes. Mais permettez-moi de vous dire que, nulle part, je n'ai senti battre les cœurs autant qu'à Liège... »

Chaque artiste français qui se produit dans la mythique et magnifique salle de spectacle du Forum, ancien cinéma de style Art déco créé en 1922, y est chaleureusement accueilli. D'ailleurs, les Français, artistes ou non, adorent venir dans nos murs. J'ai pu m'en rendre compte à maintes reprises. Lors d'émissions de télévision, de festivals de cinéma ou de tournois de pétanque, par exemple.

Bref, vous l'aurez compris, j'adore ma ville. J'adore m'y promener, déambuler dans le centre, emprunter la nouvelle passerelle, la Belle Liégeoise, qui surplombe la Meuse, humer l'atmosphère du joli parc de la Boverie, et surtout de sa roseraie avec une sculpture très osée, « Le faune mordu », que l'on doit à l'artiste anversois Jef Lambeaux. Une statue quasi érotique. Avec mes frères et ma sœur, quand nous nous promenions enfants dans le parc avec notre chère maman, cette dernière faisait en sorte de changer de direction afin de nous éviter la vision de ces corps trop suggestivement enlacés. J'y repense chaque fois que je passe par cet endroit. Pour rien au monde, je ne quitterai ma bonne ville de Liège. J'y suis né, j'y ai grandi, j'y habite et j'y mourrai sans doute. Je rêve d'être inhumé dans le cœur historique et boisé du superbe cimetière de Robermont, sur les hauteurs de la ville, que je connais si bien. Même en travaillant à Bruxelles pendant de longues années, j'ai préféré les fatigues de la navette à l'inconfort psychologique du déracinement. À l'inverse de mon ami Roger Laboureur, Andennais pur jus, et qui a en quelque sorte « craqué » durant sa vie professionnelle. Il est en effet allé habiter quelques années à Bruxelles avec sa petite famille. Mais il rentrait tous les week-ends dans sa province de Namur. Avant de revenir bientôt définitivement dans la Cité des oursons. Rien à faire, ce sont nos racines et nous demeurons casaniers dans l'âme. Certes, tout n'est pas parfait dans la ville de Liège. Il y a encore, çà et là, quelques chancres, le fameux dossier du tram n'avance guère et la mendicité est encore beaucoup trop présente. Même le fameux Carré, le quadrilatère festif du centre-ville, n'est plus celui que j'ai connu en termes de sécurité. Mais ma ville gardera éternellement son charme intact. Je voulais faire part ici de l'amour que je lui témoigne.

CHAPITRE 6
MES IDOLES : BOB ET JOHNNY

Dans ma vie, j'ai eu deux idoles, deux chanteurs. Depuis longtemps et pour toujours. Deux artistes disparus, en rien comparables, mais indissociablement liés dans mon panthéon personnel. Bob Marley et Johnny Hallyday. Même si, enfant, j'avais eu aussi une tendresse particulière pour Henri Salvador et son génie comique. Le soir, je pouvais regarder plus tard la télévision lorsque la première chaîne française diffusait son émission de variétés Salves d'or. J'aime beaucoup aussi le spleen slave de Michel Jonasz que j'ai vu plusieurs fois sur scène. Un art consommé du swing et de la dérision qui en fait un artiste très attachant. Mais Bob et Johnny, c'est encore autre chose dans mon panthéon personnel.

Bob Marley

Un petit gars du ghetto de Trenchtown à Kingston, la capitale de la Jamaïque. Un petit gars devenu une star planétaire. Quarante et un ans après sa disparition brutale et précoce à Miami (à l'âge de 36 ans à peine!), il demeure dans les cœurs, dans les mémoires, dans l'inconscient collectif. Plus encore qu'un immense artiste, Bob Marley est un symbole. Celui de la lutte des peuples opprimés. Il m'est arrivé récemment de chanter, avec un sympathique jardinier sénégalais, l'immortel tube «Get up, stand up» de Bob Marley and the Wailers, son groupe. Avec des paroles fortes: «Get up, stand up, stand up for your rights. Get up, stand up, don't give up the fight» («Lève-toi, debout lève-toi, lève-toi pour tes droits. Lève-toi, debout lève-toi, n'abandonne pas le combat»). Cela avait évidemment une autre signification pour mon copain sénégalais que pour moi. Moi je n'y vois qu'une chouette chanson avec une mélodie lancinante et prenante. Pour les Africains, c'est évidemment un hymne révolutionnaire. Bob Marley a été la conscience d'un combat, un guide pour de nombreux peuples du tiers monde. Marley était aussi un «rasta». Curieuse doctrine en réalité que le rastafarisme, un mélange complexe de religion, de philosophie, de politique, prônant le retour à l'Afrique de tous les esclaves lorsqu'un roi noir sera couronné en Afrique. Prenant à la lettre les indications d'un des théoriciens du mouvement, Marcus Garvey, les rastas ont choisi l'avènement de Haïlé Sélassié en 1930, le «roi des rois», le négus d'Éthiopie, comme symbole du retour d'exode. Le retour pour eux, les esclaves noirs arrachés au continent originel et obligés de rallier les Amériques. Bref, les rastas considèrent Haïlé Sélassié comme leur messie. Lors d'un voyage en Jamaïque en avril 1966, l'empereur sera surpris par l'accueil chaleureux de la foule. En réalité, le négus ne s'est jamais senti très proche du mouvement rastafari, paradoxe suprême ! Mais, pour moi, le reggae, c'est avant tout une musique prenante et envoûtante que l'on peut apprécier même sans fumer de joints, pratique pourtant fortement répandue, voire recommandée, chez les rastas ! « Spliff » (joint), « ganja » ou « kaya » (marijuana), autant de termes que l'on retrouve souvent dans les textes de Marley. Des paroles d'ailleurs parfois un peu ésotériques, éloignées de l'anglais classique et avec de nombreuses références historiques ou bibliques. Il faut toujours avoir son petit guide du rastafarisme à portée de main quand on écoute un CD de l'ami Bob ! Ainsi le terme « Babylon » fait référence à la société blanche décadente. Son fantastique double *live* de 1978 s'intitulera d'ailleurs *Babylon by Bus*. À l'inverse, le terme « Zion » désigne la Terre promise.

L'œuvre de Marley est féconde et passionnante. Avec des chansons tour à tour politiques, révolutionnaires, mystiques, romantiques, voire même sensuelles. Il est vrai que l'ami Bob était un incroyable et infatigable séducteur qui a collectionné les conquêtes. « Is This Love », « Jamming », « Waiting in Vain », « Sun Is Shining », « Who The Cap Fit », « Roots, Rock, Reggae », « Lively Up Yourself », « Natural Mystic », « Stir It Up », « Africa Unite », autant de titres indémodables, de chefs-d'œuvre éternels. C'est émouvant, amusant, étonnant, cela donne envie de bouger. J'ai toujours été fasciné par la personnalité polymorphe de Bob Marley. Un homme subtil et complexe, passant quasiment sans transition des fous rires lors de parties de foot endiablées avec ses musiciens à un discours très inspiré. J'ai toujours aussi été intéressé par ces destins hors du commun, ces artistes fauchés en pleine gloire. Et je n'ai jamais trop bien compris, par ailleurs, les critiques régulièrement négatives à l'encontre du reggae. Ses détracteurs lui reprochent une certaine pauvreté musicale, une certaine ressemblance mélodique et systématique entre les titres. Or, pour moi, il n'y a pas deux chansons de Marley qui se ressemblent. Au final, mon plus grand regret est de l'avoir manqué sur scène. Par deux fois, même. À Sittard, près de Maastricht, en 1978 et à Forest National, en 1980, mais c'était le jour de la finale de l'Euro de foot entre la Belgique et l'Allemagne. Pour me consoler (un peu), il me reste les concerts filmés de Bob Marley and the Wailers. Avec aussi des musiciens exceptionnels. Pour se rendre compte que le reggae, finalement, c'est un peu le rock and roll des Caraïbes. J'ai été profondément marqué et touché par le documentaire de Kevin Macdonald, sobrement intitulé *Marley*. Il retrace de manière magistrale et fouillée la vie courte, intense et impressionnante de la star. Une vie emplie de femmes, d'enfants, de spiritualité, de concerts, d'engagements politiques. Marley a frôlé la mort. Il a été victime d'un attentat, chez lui, en Jamaïque, puis il est parti vivre à Londres où il écrira le superbe album *Exodus*, avant de revenir en Jamaïque en avril 1978 pour le One Love Peace Concert, le fameux concert historique de la réconciliation en pleine guerre civile au pays. Marley y fera soudainement monter sur scène Michael Manley et Edward Seaga, les deux leaders politiques ennemis du pays. Cela se passera pendant une improvisation sur le titre « Jamming ». Ce n'était pas prévu ! Un moment incroyable, surréaliste, impensable ! Avec aussi une émotion quasi insoutenable. Un jour, c'est sûr, j'irai voir sa dernière demeure dans son village natal de Nine Miles, au cœur de l'île caribéenne. Bob Marley est parti, mais ses chansons demeurent. Je les écoute souvent. Comme j'écoute Peter Tosh, son ancien partenaire des Wailers, Steel Pulse, Max Romeo, Toots and the Maytals, Linton Kwesi Johnson ou Dennis Brown, car le reggae me passionne, qu'il vienne de Jamaïque ou de Grande-Bretagne. Ska, reggae, rocksteady, dub, tous ces courants musicaux assez proches m'intéressent et me font vibrer de la même manière. Au grand étonnement de nombreuses personnes qui me voient surtout, et uniquement, comme un grand fan de Johnny.

La passion Johnny

Si je n'ai jamais vu Bob Marley sur scène, j'ai assisté à trente-cinq concerts de Johnny Hallyday ! En quarante et un ans, c'est ce qu'on appelle une bonne petite moyenne. Enfant, je chantais déjà « Que je t'aime » à ma fiancée de l'époque, Véronique, dont j'étais tombé éperdument amoureux à l'école primaire. J'avais 10 ans et je connaissais déjà par cœur les paroles des quatre couplets de ce tube immortel. Cinq ans plus tard, je me revois en *hike* (une marche sportive dans les bois) chez les scouts chantant à tue-tête « Hey lovely lady », le tube estival de Johnny en 1975.

Arrive la date du 9 décembre 1976. Je ne l'oublierai jamais. Le lendemain, j'avais mon oral de grec à l'athénée avec le professeur Huart. Mon frère Philippe me dit quelques jours auparavant : « J'ai deux places pour le concert de Johnny au Country Hall du Sart Tilman. Tu m'accompagnes ? » Et nous voilà partis sur les hauteurs de Liège. Nous sommes très haut placés dans la salle, l'acoustique n'est pas top, mais qu'importe. Je vais bientôt subir un choc et connaître un véritable coup de foudre artistique. Après être parti se reposer un an aux États-Unis, Johnny revient en pleine forme au Palais des Sports de Paris, puis part en tournée avec un spectacle solide intitulé « Johnny Hallyday Story ». En première partie, ce sont quelques succès des années 1960 qui défilent. Dès son entrée en scène sur « Da dou ron ron », je suis conquis. La section de cuivres est magistrale. Les tubes s'enchaînent : « Elle est terrible », « Tes tendres années », « Le pénitencier », « Hey Joe », puis un formidable medley de rhythm and blues. En deuxième partie, cela repart de plus belle. Après le tonique « Rock'n'Roll Man », il aligne les tubes de son dernier album : « Gabrielle », « Derrière l'amour », « Requiem pour un fou ». Avant le bouquet final : une séquence rock and roll de derrière les fagots. Les fans sont littéralement déchaînés. Certains d'entre eux montent même sur scène. C'est la bagarre générale avec les forces de l'ordre. Dans cette atmosphère électrique, on ne voit même plus Johnny sur scène ! Il réapparaît au bout de quelques minutes et demande à tout le monde de se calmer. Avant de repartir dans un rock encore plus endiablé. Un art consommé de la provoc ! Du Johnny pur jus ! Quelle ambiance ! Cela se termine avec une version musclée de « Toute la musique que j'aime », chanson qu'il a co-écrite trois ans plus tôt avec son fidèle complice Michel Mallory.

Quant à moi, je suis sous le charme, véritablement emballé par le spectacle que je viens de voir. Je me dis que, chaque fois que ce gars viendra en Belgique, j'irai le voir. Mon premier objectif, c'est dans la même salle du Country Hall, à peine quelques mois plus tard. Mais, cette fois, pour le vivre dans les premiers rangs, avec les «cinglés de Jojo» et les *bad boys*. Je suis accompagné de mon ami Pascal, autre grand fan d'Hallyday. Il a un bras cassé et, on ne sait jamais, son plâtre peut servir si cela devait chauffer un peu. On est debout, montés sur des chaises un peu bancales, à quelques mètres à peine de la scène. C'est de la pure folie. Un spectacle de Johnny, c'est aussi rock and roll dans la salle que sur scène. Au fil des années, je ne lâche plus mon idole. Je me construis une bibliothèque et une discothèque qui lui sont largement dédiées. Les disques, les tournées, les spectacles s'enchaînent. Je suis là, toujours présent. Arrive l'époque des «grandes messes hallydayiennes». Parc des Princes 1993 pour ses 50 ans (le meilleur spectacle selon moi), Palais omnisports de Paris-Bercy 1995, Stade de France 1998 (y compris le soir de l'annulation pour cause de pluie), Olympia 2000, Parc des Princes 2003 pour ses 60 ans, stade Roi Baudouin 2004, je suis encore là. Forest National, Zénith de Nancy, la petite salle bruxelloise de la Luna, la Citadelle de Namur (deux fois), les Francofolies de Spa. Toujours là. Subjugué par la bête de scène. Quelques petits bémols toutefois. Ses enchaînements parlés entre deux chansons sont parfois maladroits. Et ce sont souvent les mêmes chansons qui reviennent au gré des spectacles, mais qu'importe. Car, à chaque concert, Johnny se donne à fond, entouré de musiciens extraordinaires et de choristes sensuelles à souhait. À chaque fois, ce n'est que du bonheur. Je suis fasciné par son jeu de scène que j'observe de plus en plus attentivement. Mais je suis aussi impressionné par sa longévité exceptionnelle. On a souvent présenté Johnny comme une sorte de «benêt» parce qu'il n'était pas très à l'aise dans l'exercice de l'interview. Par pudeur et par timidité plus que probablement. Je suis persuadé au contraire que c'était un homme très intelligent et très intuitif. Tous les témoignages que j'ai recueillis vont dans ce sens. On ne reste pas sur le devant de la scène pendant autant d'années si on n'a pas précisément cette intelligence et cette intuition de faire les bons choix, notamment artistiques.

Au fils des années, bien sûr, Johnny a changé. Il a vieilli, sa silhouette est devenue plus voûtée, mais sa voix, elle, est restée miraculeusement intacte, de plus en plus belle même. Malgré les gros soucis de santé de décembre 2012 à Los Angeles. Et sur scène, il n'a jamais triché. Bien sûr, c'était douloureux de le voir lors de la représentation bruxelloise des Vieilles Canailles avec ses amis Eddy Mitchell et Jacques Dutronc. Nous sommes alors en juin 2017. Johnny n'a plus que quelques semaines à vivre. On le sent plus que fragile; l'artiste est fatigué, rapidement essoufflé. Dans ce Palais 12 archi-bourré, 90 % des spectateurs sont venus pour lui. L'applaudimètre lors de l'entrée en scène du trio ne laisse aucun doute à cet égard. Johnny restera assis quasiment tout le spectacle. Je suis au huitième rang et j'ai les larmes aux yeux de voir cet homme, mon idole, en souffrance. Je dis à mon voisin: « Dans cet état-là, il ne terminera jamais la tournée de dix-sept dates ! » Mais quand il entonne « Noir c'est noir » ou encore « Le pénitencier », la voix est toujours aussi exceptionnelle. Elle résonne formidablement dans la salle. Et il tiendra bon jusqu'au dernier concert des Vieilles Canailles, à Carcassonne, le 5 juillet 2017, sa dernière apparition sur scène.

Si Johnny a changé, son public a évolué lui aussi. À partir de l'album *Rock'n'Roll Attitude* de Michel Berger en 1985, l'artiste a progressivement fédéré d'autres catégories sociales, rallié à lui d'autres tranches d'âge chez les spectateurs. Finie l'époque des blousons noirs, du public turbulent qui casse des chaises ou cherche la castagne. On va désormais voir Johnny Hallyday en famille. Mémé est là avec son petit-fils. Trois générations de fans pour le même artiste. C'est un monument français. Comme le général de Gaulle ou la tour Eiffel. Être une légende de son vivant, c'est rare, très rare même. Et depuis le jour de sa disparition, le 5 décembre 2017, il est carrément devenu un mythe.

Redoutant l'annonce imminente de son décès, j'avais prévenu mes collègues de l'info: «Dès que la triste nouvelle tombera par dépêche, vous m'appelez pour lui rendre hommage sur antenne. À n'importe quelle heure du jour ou de la nuit.»

Première alerte le 30 novembre. Mon copain François de Brigode m'appelle de la rédaction du JT qu'il présentera le soir. Des rumeurs persistantes venues de Paris font état de son décès. Je suis dévasté. D'autant que mon frère Philippe est décédé lui aussi un 30 novembre, exactement dix ans plus tôt. François fait à nouveau preuve d'empathie avec moi. Je sais que la disparition de Philippe l'avait alors beaucoup marqué. C'est finalement une fausse alerte. Mais, le 6 décembre, à 4 heures du matin, je reçois un coup de fil de Christophe Grandjean, le journaliste de la matinale radio sur Vivacité. Cette fois, ça y est! Laeticia Hallyday vient de communiquer le décès de son mari via l'Agence France-Presse. Je m'assieds sur mon lit et je pleure pendant cinq minutes. C'est un sentiment bizarre. Cet homme, je ne le connais pas et j'ai pourtant l'impression de perdre quelqu'un de ma famille. J'entame alors une journée marathon. Je suis bientôt sollicité par de nombreux médias qui me demandent une réaction. Je participe en direct à plusieurs émissions-hommages à la RTBF, en radio ou en télévision. Mon GSM chauffe. Je reçois sur ma page Facebook, ou par SMS, des dizaines et des dizaines de messages de condoléances. Encore une fois comme si un membre de ma famille était parti ! Un peu surréaliste tout cela. Je me repose un peu pendant l'après-midi. Les hommages se multiplient sur les chaînes françaises et, rien que de revoir des images de Johnny en concert, je craque à nouveau. Pourtant, je dois me reprendre. Le soir même, il y a l'enregistrement du Grand Cactus ! Pas le cœur à rire ni même à sourire, certes, et, pourtant, il faut faire bonne figure. *The Show Must Go On*, selon l'expression consacrée. Quelques jours plus tard, le samedi 9 décembre, je suis en plateau télévisé sur la Une avec la charmante et compétente Ophélie Fontana qui présente le (long) direct des funérailles de Johnny. J'essaye d'apporter mon expertise, moi qui connais plutôt bien la vie et l'œuvre de la star disparue. C'est très émouvant. Pendant la messe dans l'église de la Madeleine, après le poème de Jacques Prévert dit par le comédien Jean Reno, Ophélie se tourne vers moi. Elle a les yeux embués de larmes et me demande une réaction. J'en suis incapable, j'ai la gorge nouée et je passe mon tour. Tout se bouscule dans ma tête, car je suis habité par un sentiment étrange. Ce texte, la *Chanson des escargots qui vont à l'enterrement*, je l'ai déclamé quand j'étais adolescent au cours de diction et je viens de le réciter, quarante-cinq ans plus tard, quasi mécaniquement, en même temps que Jean Reno !

La sortie du cercueil est très impressionnante face à cette foule immense devant la Madeleine. Ce ne sont pas à proprement parler des funérailles nationales, mais des centaines de milliers d'admirateurs ont voulu rendre hommage à cette immense vedette qui occupe le devant de la scène depuis près de six décennies...

Pendant ce direct-fleuve, je vis aussi un des moments les plus surréalistes de ma carrière. Le sympathique Raphaël Scaini est aussi présent sur le plateau en tant que représentant de la chaîne musicale Classic 21 qui, par ailleurs, ne diffusait quasi jamais du Johnny! Soit... À un moment donné, Raphaël est pris d'un besoin pressant et il s'éclipse discrètement pour se rendre aux toilettes. Mais son micro reste ouvert. Et, pendant un moment solennel de la cérémonie, on entend soudainement un bruit saugrenu... qu'on parvient assez rapidement à identifier. Plutôt gênant comme situation. Et difficile de retenir un fou rire sur le plateau malgré le climat qui incite plutôt à la tristesse.

Trois jours plus tard, je dois honorer un engagement au Théâtre de Poche de Charleroi avec mon spectacle acoustique «Thierry chante et raconte Johnny». Après avoir interprété «Le pénitencier», mon regard se tourne vers le ciel et je reste pétrifié sur scène, les yeux pleins de larmes. Mon claviériste, mon vieux copain André Meuwis, me crie «Enchaîne!». J'y arrive péniblement. Mais, une fois le spectacle terminé, juste derrière le rideau, je tombe en pleurs dans ses bras. L'émotion était trop forte...

Car j'ai décidé depuis longtemps de rendre hommage à Johnny avec deux spectacles bien personnels intitulés «Thierry chante Johnny» et «Thierry chante et raconte Johnny». Au début des années 2000, j'ai formé un groupe de musiciens liégeois et talentueux. On est devenus, depuis, une belle bande de potes.

Au début, on faisait juste quelques dates, de-ci, de-là, plutôt en dilettante. À partir de 2014, le projet s'est structuré, professionnalisé. On est passé à sept musiciens avec une section de cuivres et l'excellent Georges Piron est devenu notre sonorisateur permanent. Les dates ont alors commencé à s'enchaîner. Les gens apprécient la qualité musicale du groupe. Cela envoie du lourd comme on dit dans le jargon. Personnellement, je chante Johnny à ma manière, sans chercher à l'imiter. Je laisse cela à d'autres, sosies vocaux ou physiques. Mais je me donne à fond. C'est épuisant et très excitant à la fois. Au fil des ans, je pense avoir pas mal progressé. J'ai arrêté de fumer, j'ai pris des cours de chant avec Christian Pastore, parti bien trop tôt, je me sens plus à l'aise pour poser ma voix en concert et dans ma gestuelle sur scène malgré mon excédent pondéral ! Je m'entraîne souvent dans ma voiture. Johnny a une technique de chant bien précise. C'est passionnant de redécouvrir ses titres dans un répertoire aussi vaste de plus de mille chansons.

On me demande souvent quelle est ma chanson préférée de Johnny. Je réponds toujours sans hésiter « Toujours là ». Une chanson peu connue de 1979 et écrite par Franck Langolff, qui devait commettre, quelques années plus tard, « Joe le Taxi » pour Vanessa Paradis. Depuis longtemps, la chanson « Toujours là » me touche beaucoup par ses paroles. « À six heures du matin, il faut faire le point. Parfois pour oublier, je me tue la santé. Mais comme dans un linceul, je me sens vraiment seul. » Cela correspond tellement bien à une période plus sombre de ma vie. Et puis la notion d'être « toujours là », cette notion de durée, de longévité, m'intéresse, moi qui ai quarante-deux ans de médias au compteur. Lorsque j'ai fait le Forum, il m'a semblé logique de terminer le spectacle avec cette chanson. Peu de gens la connaissaient et plusieurs amis m'ont dit avoir été ravis de la découvrir. Sinon, j'ai également une tendresse particulière pour «L'envie», le chef-d'œuvre de Goldman. «L'envie d'avoir envie», c'est plus qu'une chanson, c'est un credo, une philosophie. Et j'aime beaucoup aussi le «Tennessee» composé par Michel Berger. Un hommage tendre et nostalgique à l'auteur Tennessee Williams avec une mélodie simple, mais prenante. «On a tous quelque chose en nous de Tennessee. Cette volonté de prolonger la nuit. Ce désir fou de vivre une autre vie, ce rêve en nous avec ses mots à lui...» Superbe! Et bien sûr «Souvenirs, souvenirs», un de ses premiers tubes, celui qui a donné son nom à cet ouvrage... de souvenirs!

Dans les semaines qui ont suivi la disparition de Johnny, c'était vraiment la folie pour mon projet artistique. Le groupe était demandé un peu partout. Et je me rends rapidement compte que quelque chose a changé pendant les spectacles. Les émotions sont réelles, quasi palpables. On les sent vraiment monter de la salle vers la scène. Il y a une sorte de communion récurrente avec le public. Les gens veulent entendre du Johnny, je dirais presque coûte que coûte. Après les spectacles, des fans viennent me voir pour me parler. Comme si la communauté des admirateurs de Johnny devait faire un travail de deuil commun. Combien de fois n'ai-je pas entendu: «Il nous manque, monsieur Luthers. Merci de faire vivre ses chansons à votre manière.»

Pendant trois ans, on tourne encore pas mal avec le groupe puis la crise sanitaire arrive et tout s'arrête brutalement. Petite pensée au passage pour les «professionnels de la profession» qui vivent des moments bien difficiles avec cette satanée COVID. Parallèlement, j'ai monté un autre spectacle, « Thierry chante et raconte Johnny », plus intimiste, plus narratif, plus acoustique, avec seulement deux musiciens, un guitariste et un claviériste. Un format parfait pour un centre culturel par exemple. Et, pour le coup, je suis le seul à proposer cela. Voilà, c'est fait, c'était le petit passage autopromotion de cet ouvrage...

Dans cette belle aventure, j'ai quand même réalisé un double rêve en chantant dans les deux salles liégeoises « emblématiques » qui me tenaient particulièrement à cœur. D'abord le théâtre du Trocadéro en 2018. Une très belle salle, sorte de bonbonnière à l'italienne. Je suis trop grand pour me tenir debout dans les loges, un peu vétustes, mais qu'importe. Le public a répondu présent et nous jouons deux fois le même jour, matinée et soirée. Ensuite le Forum, en décembre 2019, pour le deuxième anniversaire de la disparition de Johnny. Une date émouvante et symbolique à plus d'un titre. Mon frère avait présenté plusieurs émissions télévisées de prestige dans cette salle mythique. Avec un public souvent survolté. Un soir, dans l'émission Cœur et pique, les fans d'Eros Ramazzotti avaient même failli sauter du balcon sur la scène !

J'avais demandé au réalisateur Franck Villano de filmer mon spectacle du Forum. Franck est un grand professionnel. Il avait beaucoup travaillé naguère avec Philippe sur diverses émissions. Après le concert qui avait réuni près de 1500 spectateurs, Franck m'envoie un message : « Bravo Thierry ! De là-haut, Philippe doit être très fier de toi ! » J'en suis encore ému en écrivant ces lignes. Ce fut une soirée exceptionnelle à plus d'un titre. La salle était magnifique, le public était chaud et le groupe de neuf musiciens a été magnifique. Merci à André, Jean-Pol, Gaëtan, Jean-Paul, Thibault, Kevin, Antoine, Raphaël et Ignace. Sans vous, rien n'aurait été possible... Le rêve d'une vie...

Ma (non)-rencontre avec Johnny

Pour refermer ce chapitre consacré à Johnny, je ne résiste pas au plaisir de vous livrer une anecdote sur ma seule rencontre avec Johnny, en juillet 1991. Je suis aux célèbres Francofolies de La Rochelle, avec mon pote Pierre Collard-Bovy. Pierre est là pour la radio de la RTBF, je travaille pour *La Dernière Heure/ Les Sports* où je proposais aussi des collaborations autres que sportives.

Mon ami Pierre, aujourd'hui pensionné et devenu échevin de la Culture à Jemeppe-sur-Sambre pour la petite histoire, s'y est pris un peu tard pour les réservations d'hôtel. Pas de souci. Sauf que nous voilà, ensemble, dans la même chambre d'hôtel, à plus de vingt bornes de la magnifique cité rochelaise. Un soir, nous rentrons du spectacle de Liane Foly et, dans la voiture, Pierre, goguenard, me lance : « Ce serait comique que Johnny (qui chantait le lendemain lors de ces Francos) soit dans notre hôtel ! » Je n'y crois pas une seconde, car nous sommes dans un hôtel de style plutôt familial et non luxueux. Nous arrivons à la réception. Il est 1 heure du matin et, curieusement, la salle du restaurant est toujours ouverte. Nous demandons à la patronne si nous pouvons boire une dernière petite bière. Elle hésite puis nous sert quand même deux pressions. Inconsciemment, mon regard est attiré vers la table restante dans le resto. Et là, soudainement, je vois Johnny attablé avec un petit groupe de personnes. Je suis comme pétrifié. Moi qui ai interviewé de nombreuses grandes vedettes dans ma carrière et qui ne suis pas quelqu'un de facilement impressionnable, oui je suis littéralement pétrifié. Collard-Bovy sourit: «Je te l'avais bien dit!» Après moult hésitations, Pierre se décide à aller demander une interview à Johnny qui le remballe poliment, en le renvoyant vers Jean-Claude Camus, son producteur. Le lendemain, en fin de journée, je grille une cigarette devant l'entrée du village VIP, juste à côté de la grande scène des Francos. Et là, je vois arriver un groupe de personnes, Johnny et Camus en tête, suivi, notamment, de quelques gardes du corps. Johnny est juste devant moi. Ils cherchent le stand de la Poste, le sponsor du concert. Camus me dit: «C'est où la Poste?» Je suis comme Obélix devant Falbala dans les aventures d'Astérix. Je bredouille deux trois mots qui ne veulent rien dire. Et le groupe continue son chemin. Voilà, je viens de rencontrer deux fois en deux jours mon chanteur préféré et je ne lui ai pas adressé la parole. Heureusement, Pierre aura la présence d'esprit lors de son interview radio de lui demander un autographe pour moi. Dois-je préciser que je l'ai précieusement gardé? Le soir, après le concert, on rentre à l'hôtel. La patronne me dit: «Il me semble que vous aimez bien Johnny?» J'acquiesce. «Savez-vous qu'il a dormi dans la chambre juste en face de la vôtre?» «Je le savais, lui dis-je en souriant, j'ai senti les ondes.» «Vous auriez dû rester avec nous à l'hôtel l'après-midi, ajoute-t-elle, Johnny était au bord de la piscine, très relax, et il papotait gentiment avec nous.» Fus-je envahi par des regrets? Même pas. «Les légendes, on ne leur parle pas», ai-je souvent pensé depuis. Donc ce fut finalement une brève non-rencontre. Pourtant si Johnny ne m'a évidemment pas vu, il m'a un jour entendu chanter. Et c'est véridique. Grâce au chanteur Alec Mansion. Un pote de très longue date, déjà collègue dans la chorale des scouts de Liège, les Colibris. Alec avait écrit trois titres pour le prochain album de blues de Johnny. Il devait envoyer les maquettes au producteur et il m'appelle pour faire les voix dans son studio d'enregistrement. Je suis flatté et excité en même temps. Avec Marc Mansion (eh oui, c'est son vrai prénom), on travaille d'arrache-pied pour arriver au meilleur résultat possible. L'interprète du tube «C'est l'amour» est exigeant et il a raison. Un des titres intitulé «La route est longue» est vraiment accrocheur. J'ai bon espoir qu'il figure sur le futur album. En fait, Alec connaît bien le producteur de l'album. Mais il faut savoir que la production reçoit plus de cent propositions de titres pour en retenir finalement entre onze et treize pour le CD. Et les chansons écrites et composées par mon ami ne sont pas choisies. Comme je le pressentais, «La route est longue» a bien failli passer. En guise de débriefing, Alec Mansion s'entretient avec le producteur de l'album, qui lui dit aussi que Johnny a écouté les trois titres et qu'il a fait une remarque positive sur la voix du chanteur. Johnny m'a entendu chanter. Je peux disparaître... mais le plus tard possible!

CHAPITRE 7
LES TOMBES DE GENS CÉLÈBRES

Il est désormais de notoriété publique que je suis passionné par les tombes de gens célèbres. Cette « marotte » spécifique, sinon singulière, porte un nom officiel : la taphophilie. J'émarge donc à la catégorie des taphophiles, de ceux qui, étymologiquement, « aiment les tombes ». Et non à la catégorie des nécrophiles comme il est parfois dit par les auteurs du Grand Cactus qui adorent me charrier. J'en profite pour rappeler ici que, dans la définition officielle du mot, un nécrophile a des relations sexuelles avec un cadavre ! Donc attention aux termes choisis s'il vous plaît (sourire) ! Je lui préfère d'ailleurs un autre terme : nécrosophe. Ce véritable néologisme a été créé par mon ami Bertrand Beyern, le brillant guide parisien du cimetière du Père-Lachaise. Bertrand partage depuis longtemps la même passion que moi. Il a pas mal publié sur le thème qui nous rassemble. Nécrosophe, c'est un mot plus élégant. Une sorte de philosophe de la mort en quelque sorte...

D'où me vient cette passion? On me le demande souvent. Et je ne sais pas vraiment en préciser l'origine. Mais j'y trouve quand même quelques facteurs d'explication. À commencer par ma formation d'historien. La volonté, sans aucun doute, de valoriser le patrimoine historique à travers le patrimoine funéraire. Peut-être aussi une relation psychologiquement complexe avec la mort. La grande faucheuse, j'en ai une frousse bleue, mais, en même temps, elle me fascine. Et dès qu'une personnalité décède, je fais tout pour savoir où elle sera inhumée ou incinérée. Enfin, la recherche d'une tombe a quelque chose d'éminemment ludique. Il y a même un côté jeu de piste dans cette démarche. Et lorsque vous trouvez, enfin, la tombe recherchée, c'est un moment quasi jouissif. Ce n'est pas tout à fait Indiana Jones devant la coupe du Graal, mais cela n'en est pas si éloigné que cela! Cette sensation toute particulière, je l'ai souvent partagée avec mon copain et photographe Jean-Paul Remiche, avec lequel j'ai arpenté des dizaines de cimetières belges, du nord au sud et d'est en ouest. Et avec lequel j'ai travaillé sur la série de livres intitulés *Derniers domiciles connus. Guide des tombes de personnalités belges*. Six tomes parus chez le même éditeur que cet ouvrage de souvenirs que vous tenez entre les mains. Jean-Paul est passionné d'Histoire et de tombes: nous étions donc faits pour nous rencontrer! C'est d'ailleurs ce qui s'est passé, un jour, au cimetière de Robermont. Je vois un gars en train de photographier des tombes et je lui demande ce qu'il fait. Il me répond: «J'ai décidé de photographier toutes les tombes du cimetière.» Je lui rétorque: «Bonne chance; il y en a plus de 70000!» Imperturbable, il me répond: «Oui je sais.»

Ça y est, je viens de rencontrer quelqu'un d'aussi dingue que moi, il faut que je l'embarque dans mes recherches...

Pendant toutes ces années, cela a été un travail ardu, passionnant, chronophage, parfois harassant, de longue haleine, pour retrouver toutes ces tombes de personnalités belges. Imaginez que ma banque de données dépasse aujourd'hui les 11 000 noms ! Oui, car je me suis lancé un pari un peu fou à l'époque : retrouver les tombes de toutes les personnalités belges, peu ou prou connues. C'est-à-dire les personnes référencées sur Internet. Mon éditrice Laurence Housiaux m'a fait rapidement confiance et je l'en remercie encore aujourd'hui. Je suis alors parti plein pot dans cette aventure un peu folle. Des mois de recherches dans les bibliothèques, des semaines à consulter des fonds privés de faire-part à l'Office généalogique et héraldique de Belgique, des recherches sur des sites consacrés aux cimetières sur Internet, dans de nombreux ouvrages, dans les biographies nationales de l'Académie royale, etc.

Mais aussi des centaines de coups de fil donnés aux services de l'état civil, à des entreprises de pompes funèbres, à des cimetières en France ou en Belgique, à des particuliers, à des Cercles d'histoire. Je suis retourné à l'Université de Liège pour y compulser des milliers de pages de journaux (*Le Soir*, *La Libre Belgique* et *La Meuse*, de 1945 à nos jours) et leurs avis nécrologiques, au jour le jour. Un véritable travail de bénédictin ! J'y ai même recroisé certains de mes anciens professeurs, trente-sept ans après avoir quitté ce vénérable établissement. Des moments assez émouvants, je dois dire...

J'ai consulté des arbres généalogiques, des faire-part de décès, des registres dans de nombreux cimetières. Bref, j'ai fait œuvre d'historien. Pour me rendre compte, une fois sur le terrain, que de nombreuses tombes avaient disparu ou étaient mal entretenues, voire carrément à l'abandon. C'est la triste règle du jeu dès lors que la famille n'entretient pas la concession. Parfois, j'ai même eu l'impression que les cimetières ne semblaient plus faire partie des priorités des services publics. J'ai rencontré des employés ou des fossoyeurs parfois un peu désemparés, se sentant quasi abandonnés. J'adresse un coup de chapeau en passant aux fossoyeurs. Un métier pas toujours facile, souvent ingrat, mais ô combien indispensable ! Je voulais leur rendre hommage. Moi qui ai sympathisé avec nombre d'entre eux, au fil de mes nombreuses visites de cimetières. Dans les bureaux, les registres sont souvent dans un état déplorable, tout n'est, hélas, pas informatisé. Et la fusion des communes de 1976 n'a rien arrangé. Des documents ont été égarés lors de la centralisation des communes. Sous l'impulsion de Xavier Deflorenne, le dynamique « Monsieur cimetières » de la Région wallonne, des efforts, louables, ont été entrepris, commune par commune. Afin de sauvegarder une bonne partie des monuments funéraires wallons d'intérêt historique, architectural ou patrimonial. Mais tout n'est pas parfait, loin de là. Ainsi, pourrait-on mieux mettre en valeur des tombes de personnalités autres que le bourgmestre, le curé ou l'industriel du village, des archétypes de sépultures systématiquement reprises dans ces recensements communaux. On oublie trop souvent les dernières demeures des artistes et quasi toujours celles des grands sportifs belges. Ainsi, au cimetière du Vogelenzang à Anderlecht, dans un sobre caveau de famille, repose Philippe Thys, triple vainqueur du Tour de France en 1913, 1914 et 1920. Avec Louison Bobet et Greg LeMond, il n'y a que trois coureurs au monde qui ont gagné trois fois la Grande Boucle. Rien ne le mentionne, hélas, sur sa tombe. Pas plus que le titre olympique du boxeur Jean Delarge (1906-1977) au cimetière de Robermont, à Liège. Delarge est le seul Liégeois à avoir été champion olympique. Et le seul sportif belge à avoir décroché la médaille d'or en boxe. C'était en 1924 aux Jeux de Paris dans la catégorie des poids welters. Je pense qu'il y aurait certainement moyen de rendre aux gens le goût de la visite des cimetières avec plus de visites guidées, des parcours fléchés, des panneaux explicatifs. C'est déjà le cas dans certains cimetières comme à Marche-en-Famenne. Bravo ! Belle initiative ! Un cimetière peut demeurer, assez paradoxalement, un endroit très vivant. Après tout, c'est le témoignage ultime de l'histoire socio-politico-économique d'un village, d'une ville, d'une région. Aujourd'hui, les jeunes générations se détournent totalement des cimetières. Mes neveux et nièces ne sont jamais allés voir le dernier lieu de repos de mon papa, leur grand-père. Et ils n'iront probablement jamais. Je ne leur en veux pas, c'est comme ça, c'est dans l'air du temps. En prime, l'incinération s'installe très majoritairement chez nous puisque 67 % des Belges la préfèrent aujourd'hui à l'inhumation. Oui, je sais, en apparence tout cela peut paraître un peu morbide. Mais dans les nombreuses conférences que je donne, j'essaye précisément de partager cette passion de manière dynamique, ludique, historique parfois même humoristique. Il y a mille et une choses incroyables à découvrir dans nos cimetières, à commencer par les tombes de ce que j'appellerais les « inconnus célèbres ». Des Belges qui sont entrés dans l'histoire, mais qui demeurent pourtant inconnus du grand public. Commençons par l'avocat Victor de

Laveleye (1894-1945, cimetière du Dieweg à Uccle), ministre de la Justice puis résistant et speaker à Radio Belgique dans les studios de la BBC, à Londres. Il est l'inventeur du fameux V de la victoire (V comme *victory* en anglais), le signe de ralliement contre l'ennemi nazi pendant la Seconde Guerre mondiale. Un geste immortalisé dans les actualités de l'époque, et à maintes reprises, par le Premier ministre britannique Winston Churchill. Autre exemple: Odon Godart (1913-1996, cimetière de Farciennes). Météorologiste dans l'armée anglaise, cet ancien disciple du chanoine Georges Lemaître (l'inventeur carolo de la théorie du Big Bang en 1949) a été consulté pour connaître la meilleure fenêtre horaire météo possible pour le débarquement des Alliés en Normandie. Sans lui, et quelques-uns de ses collègues, le général américain Eisenhower, le commandant suprême des forces alliées, n'aurait peut-être pas déclenché l'opération Overlord le 6 juin 1944, le véritable tournant de la Seconde Guerre mondiale!

Troisième exemple: le compositeur gantois Pierre Degeyter (1848-1932, cimetière de Saint-Denis, en région parisienne), l'auteur, en 1871, de la musique de l'*Internationale*, le chant révolutionnaire des travailleurs, sur des paroles du poète Eugène Pottier. Un véritable tube que cet hymne planétaire des socialistes puis des communistes. Mais aussi, et tout le monde l'a oublié, l'hymne national de l'URSS, de 1922 à 1944. Degeyter sera même reçu en grande pompe par Staline, à Moscou, en 1927. Cinq ans plus tard, une foule immense de 50000 personnes se presseront à ses funérailles au cimetière de Saint-Denis où sa tombe est toujours surmontée de la faucille et du marteau.

L'histoire de Belgique regorge d'histoires similaires. Leur dernier domicile connu est une façon originale de découvrir toutes ces personnes qui ont façonné l'histoire à leur manière avec une portée régionale, nationale ou internationale.

Côté cimetières, mes coups de cœur vont à celui de Robermont (on est chauvin ou on ne l'est pas) qui demeure, objectivement, une des plus belles nécropoles du royaume. Même s'il a été saccagé par des vandales (un des maux majeurs des cimetières), le monument funéraire de l'ancien Premier ministre libéral Walthère Frère-Orban (1812-1896) est absolument remarquable. Une tourelle de style néogothique que l'on voit de loin. Le mausolée de la famille Goblet d'Alviella (véritable dynastie politique, militaire et industrielle de la région) au cimetière de Court-Saint-Étienne vaut aussi le détour. C'est d'ailleurs un monument classé. Dernier représentant de la lignée, Michael Goblet d'Alviella est encore le bourgmestre de la commune aujourd'hui. Mention aussi pour le cimetière de Mons, derrière le stade de football. Boisé, escarpé, avec les tombes de pas mal de personnalités (dont celle de Charles Plisnier, le premier auteur non français lauréat du prix Goncourt) : il a toutes les qualités requises pour en faire un endroit intéressant. Bruxelles possède aussi quelques belles nécropoles. Ixelles demeure véritablement le « Père-Lachaise bruxellois ». C'est là que le général français Georges Boulanger s'est suicidé sur la tombe de sa maîtresse en 1891. Autour de l'église Notre-Dame avec sa crypte où reposent tous les rois belges, le cimetière de Laeken est le reflet de l'histoire du royaume. Et le petit cimetière du Dieweg, à Uccle, quasi à l'abandon depuis 1958, demeure un petit bijou avec sa végétation luxuriante qui recouvre les tombes à l'arrière de la nécropole. Hergé, le père de Tintin, y repose pour l'éternité et sa tombe est fléchée, ce qui est plutôt rare dans notre pays. C'est le cas aussi pour le peintre René Magritte au cimetière de Schaerbeek. Pas tellement loin de la tombe d'un certain Léon Smet, le papa de Johnny. Eh oui, on y revient toujours...

Les Flamands ne sont pas en reste. Vous devez, sans plus attendre, découvrir les cimetières du Campo Santo à Gand ou du Schoonselhof à Anvers. Sans oublier la dernière demeure du grand écrivain Émile Verhaeren à Saint-Amand: une tombe en forme de bateau, le long de l'Escaut, dans sa commune natale. Les cimetières, ce sont des lieux de recueillement et de devoir de mémoire, mais aussi des buts de promenades et de découvertes. Dans le cadre de mes reportages sportifs à l'étranger ou de mes vacances, je ne manque jamais d'aller découvrir l'un ou l'autre cimetière, l'une ou l'autre tombe de personnalité: la comédienne et femme politique Melina Mercouri à Athènes, l'écrivain et dramaturge allemand Bertolt Brecht à Berlin, la nécropole royale des tsars de Russie à la cathédrale Pierre-et-Paul de Saint-Pétersbourg, la tombe de l'étudiant serbe Gavrilo Princip à Sarajevo où il a assassiné l'archiduc autrichien François-Ferdinand le 28 juin 1914, déclenchant ainsi la Première Guerre mondiale. Ou encore celle du poète et homme politique Léopold Sédar Senghor, premier président de la République du Sénégal, au cimetière chrétien de Dakar.

Je nourris même un grand et double projet pour la fin de cette année 2022. Le 5 décembre marquera le cinquième anniversaire de la disparition de Johnny. J'envisage une sorte de «pèlerinage» au cimetière de Lorient, sur l'île de Saint-Barthélemy, afin de me recueillir, avec les nombreux fans attendus pour la circonstance devant la tombe de Johnny Hallyday. Et des Antilles aux Caraïbes, il n'y a finalement que deux heures de vol. Dès lors, je pousserai sans doute mon périple jusqu'à la Jamaïque pour y découvrir la dernière demeure de Bob Marley, mon autre idole...

En attendant, je suis plutôt fier d'être allé jusqu'au bout de ce travail de mémoire avec les six tomes de *Derniers domiciles connus*, même si, humblement, il faut toujours reconnaître qu'il est impossible d'être exhaustif et que l'erreur est humaine. Des noms, j'en ai oublié et il m'arrive de m'en rendre compte à présent dans mon cycle de conférences à travers la Wallonie, où le dialogue avec les lecteurs est toutefois toujours constructif et sympathique.

CHAPITRE 8
« DEUXIÈMES COUTEAUX » ET « NANARS »

Une de mes autres passions, qui ne manquent pas d'étonner parfois, ce sont les acteurs de deuxièmes, troisièmes, voire quatrièmes rôles dans le cinéma français. Dans ce dernier cas, ce ne sont parfois que des silhouettes apparaissant dans certains films. D'Henri Attal à Dominique Zardi (eux qui apparaissent dans quasiment tous les films de Jean-Pierre Mocky et de Claude Chabrol) en passant par Bernard Musson (souvent dans des rôles d'huissiers ou de majordomes), Max Montavon (grand ami et souvent partenaire de Louis de Funès), le petit Paul Demange ou le plus connu d'entre eux, Robert Dalban, j'ai toujours admiré ces comédiens qui sont apparus dans de petits rôles dans des dizaines de films. Aujourd'hui encore, j'apprécie des acteurs comme Carlo Brandt, Urbain Cancelier (l'épicier dans *Amélie Poulain*), Jean-Claude Bolle-Redat, Éric Naggar (le banquier dans *Stars 80*) Philippe du Janerand, Serge Riaboukine, Jean-Michel Lahmi ou encore Jean-Michel Noirey. Le grand public n'a pas retenu leurs noms, mais connaît bien leurs visages. Ils ne seront jamais des vedettes et pourtant, sans eux, les films ne seraient pas possibles. Ils sont devenus indispensables. De grands seconds rôles ont d'ailleurs leurs lettres de noblesse dans l'histoire du cinéma français: Jean Tissier, Julien Carette, Saturnin Fabre, Noël Roquevert, Jacques Marin, Paul Mercey («Big Moustache» dans les bains turcs de *La Grande Vadrouille* de Gérard Oury), Paul Préboist: autant de monstres sacrés à mes yeux. Dois-je vous préciser que, lorsque je retrouve leur tombe, ma joie est double? Oui, je sais, parfois je me demande si je ne suis pas un peu dingo...

Passionné d'histoire du cinéma, je suis devenu un véritable «rat» de génériques. Je tiens mes fiches à jour, comme un archiviste du septième art. Des livres et des sites sur l'histoire du cinéma français, j'en ai compulsé énormément. Mais, hélas, dans de nombreux ouvrages, encyclopédies, dictionnaires ou même biographies, il y a souvent de petites erreurs, çà et là. Et le problème, c'est que les erreurs se reproduisent, car d'autres auteurs les recopient. Agacé par ce genre de situation, un cinéphile malicieux a monté de toutes pièces un canular qui a très bien fonctionné. Il a inventé le nom d'une comédienne, Yvonne Gradelet, qui s'est retrouvée créditée dans d'innombrables génériques ces dernières années. Je commençais à être intrigué par cette actrice que je ne voyais jamais à l'écran dans le rôle qu'on lui attribuait dans le générique. Et pour cause, puisqu'elle n'existait pas et que c'était un *fake*! Un véritable pied de nez à ceux qui se sont toujours contentés de piller le travail d'autrui...

Dans ma vie professionnelle, il m'est arrivé de rencontrer pas mal d'acteurs de théâtre et de cinéma. Deux anecdotes me reviennent à l'esprit. En 1983, Michel Piccoli était l'invité de la RTBF-Liège dans l'émission Cinéscope, brillamment présentée par le grand Sélim Sasson. Un entretien d'une heure à bâtons rompus sur la carrière de l'acteur. La veille, Piccoli rencontre la presse pour présenter son dernier film, *Le Général de l'armée morte* de Luciano Tovoli, d'après le roman de Ismaïl Kadaré, avec Marcello Mastroianni et Anouk Aimée. Le comédien français est très détendu dans le petit salon d'accueil du Palais des Congrès de Liège. Et il répond très aimablement aux questions de la poignée de journalistes qui l'entourent. Dont votre serviteur. Je n'ai alors que 24 ans et je suis déjà passionné de cinéma de longue date. À force d'arguments, j'ai réussi à convaincre la rédaction de *La Dernière Heure* de faire un article sur l'acteur. À un moment donné, un confrère lui demande avec quel cinéaste il rêve de tourner. Il répond en citant quelques noms, dont celui d'Alain Resnais. Son regard croise le mien. Je lui dis, sans ambages: «Mais vous étiez dans *La Guerre est finie* en 1966.» «Oui c'est vrai, mais quelques jours de tournage seulement.» Je viens néanmoins de marquer un point. Un peu plus tard dans l'entretien, il déclare qu'il vient de tourner avec Jean-Louis Trintignant pour la première fois de sa carrière (dans *Viva la vie* de Claude Lelouch). Nouveau regard de sa part. «Mais c'était déjà le cas dans *L'Attentat* d'Yves Boisset», lui dis-je. Piccoli sourit. Et chaque fois qu'il affirme quelque chose, ses yeux cherchent les miens pour obtenir une sorte d'approbation. J'en rougis de fierté.

En 2005, la scène sera plus cocasse encore avec Jean Rochefort. Le magnifique acteur français est présent pour la conférence de presse du Jumping de Bruxelles. Après quelques années d'absence, la manifestation renaît de ses cendres, sous l'impulsion de la famille Pessoa: Nelson Pessoa, le père, et Rodrigo Pessoa, le fils, champion olympique en 2004, deux cavaliers brésiliens d'exception, installés en Belgique. Ils ont décidé de relancer le jumping dans le cadre majestueux de Tour & Taxis et Jean Rochefort, grand passionné de chevaux comme on le sait, est le parrain de la manifestation. Il y a pas mal de monde dans la superbe salle gothique de l'hôtel de ville de Bruxelles qui accueille la conférence de presse. Jean Rochefort fait un petit speech où il explique avoir connu le père Pessoa lors du tournage d'un film à Rio de Janeiro. Égal à lui-même, il est drôle, élégant, brillant. Il me regarde plusieurs fois pendant la séance et je me demande bien pourquoi. À l'issue de la partie académique, place aux interviews. Je m'approche de Rochefort avec mon traditionnel Nagra (enregistreur pour la radio) en bandoulière. Je vous reproduis le plus fidèlement possible le début de notre entretien:

— T. L.: «Bonjour monsieur Rochefort. Pourriez-vous m'accorder deux ou trois minutes pour la radio de la RTBF, la chaîne publique?»
— J. R. (de sa voix suave et quasi inimitable): «On se connaît, non?»
— T. L.: «Euh... pas vraiment. Je vous ai brièvement interviewé l'an dernier aux épreuves équestres des Jeux olympiques d'Athènes.»
— J. R.: «Oui je me souviens très bien de vous. Je suis très physionomiste.»

— T. L. (sur un ton goguenard): «Il faut dire que j'ai un physique qui marque!»
— J. R. (sur le même ton): «Vous êtes plutôt joli garçon, mais je suis hétérosexuel!»

Du grand Rochefort. Je lance mon interview. Jean Rochefort est parfait. Précis et brillant. Je sais déjà où se situent mon point *in* et mon point *out* (termes techniques utilisés dans le jargon pour désigner les points de départ et d'arrivée de l'interview diffusée), je n'aurai donc pas de montage à faire. Dans ma tête, j'imagine déjà les quarante secondes que je vais utiliser en radio. Après cela, le dialogue reprend de plus belle:

— T. L.: «Tout à l'heure, en conférence de presse, vous avez fait allusion à un film tourné au Brésil. De quel film s'agit-il?»
— J. R.: «Oh, cher ami, c'est un film totalement inconnu et que personne n'a jamais vu. Mais, chose amusante, il a été réalisé par le tonton du chanteur Renaud. Vous connaissez Renaud, j'imagine?»
— T. L.: «Alors, pas de doute, c'est *Pour un amour lointain* réalisé par Edmond Séchan en 1968.»
— J. R.: «C'est une plaisanterie?»
— T. L.: «Non, non. Et je peux même vous dire que vos partenaires étaient Jacques Jouanneau et Julien Guiomar.»
— J. R.: «C'est une caméra cachée?»
— T. L.: «Non monsieur Rochefort. Mais, à l'époque, vous avez joué dans d'autres films que tout le monde a oubliés comme *Ne jouez pas avec les Martiens* d'Henri Lanoë avec Pierre Dac et Macha Méril.»
— J. R.: «Ce n'est pas possible. Vous avez participé à Monsieur Cinéma?»

— T. L.: «Non hélas, quand j'étais prêt pour y aller, le jeu présenté par Pierre Tchernia n'a plus été programmé.»

Là-dessus, un membre du comité d'organisation vient le chercher, car Jean Rochefort doit participer, en direct, au journal télévisé de RTL, le partenaire média de l'opération. Sans quoi, nous aurions sans doute discuté encore quelques minutes ensemble, tellement c'était agréable. Un plaisir que j'ai retrouvé quelques semaines plus tard, en présentant le film *Joyeux Noël* de Christian Carion au cinéma Kinepolis de Liège. L'excellent comédien Bernard Le Coq n'y tenait qu'un rôle secondaire, mais c'est lui qui était venu, avec le réalisateur, pour l'avant-première liégeoise du film. Nous avons dîné ensemble et j'ai rencontré un homme exquis et passionné de cinéma. On a joué tous les deux à un quiz pendant trois quarts d'heure... au grand dam des autres convives. Et il m'a piégé en m'apprenant que son tout premier film n'était pas *La leçon particulière* de Michel Boisrond, comme je le croyais, mais bien une simple apparition, non créditée, dans le rôle d'un étudiant dans les *Grandes Vacances* de Jean Girault en 1967, aux côtés de Louis de Funès.

Enfin, confession cinématographique ultime, j'avoue avoir toujours eu un faible pour les grands «nanars» du cinéma français. C'est l'appellation contrôlée et très répandue pour désigner les navets du septième art. J'avais même envisagé, à une certaine époque, d'écrire une véritable *Anthologie du navet français*. Un catalogue quasi surréaliste de films plus mauvais les uns que les autres. La vision successive de *Le Chêne d'Allouville*, *Marche pas sur mes lacets*, *Touch' pas à mon biniou*, *On se calme et on boit frais à Saint-Tropez*, *Les Bidasses aux grandes manœuvres* ou encore *Le Führer en folie* m'en ont assez rapidement dissuadé. Quelques très bons acteurs se sont souvent égarés dans ces films d'une rare indigence. Mais, que voulez-vous, il faut bien vivre comme on dit. Et certains comme Michel Galabru ou Jean Lefebvre ont participé à de nombreux films très médiocres uniquement pour des raisons alimentaires. Ils ne s'en sont d'ailleurs jamais cachés...

Avec maman,
dans les rues de Liège.

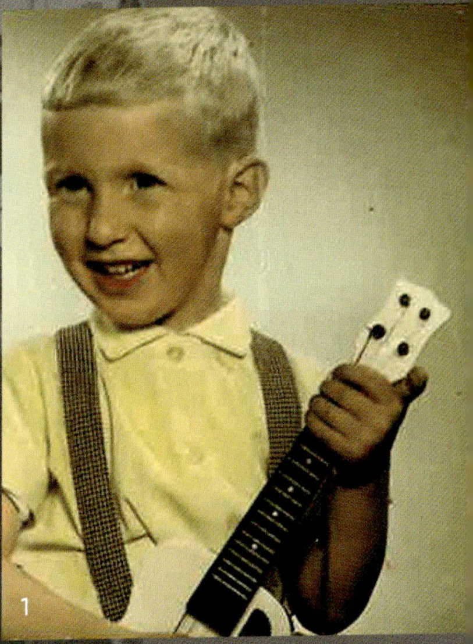

1. Trois ans…
et déjà la guitare à la main !

2. Vacances familiales
au Coq-sur-Mer
à la Côte belge.

3. Philippe et moi :
les présentateurs des années 1980.

Poil de Carotte
de Jules Renard
au Théâtre Arlequin
en 1975.

Les débuts en télévision en 1980 avec l'émission Allegro con Stéréo.
De gauche à droite: le réalisateur Gérard Lovérius, le producteur Georges Dumortier et le réalisateur Joseph Benedek. [G. Hersleven, Bruxelles]

Au travail dans la petite rédaction liégeoise
de *La Dernière Heure/Les Sports*.

Micro Défi, avec mon producteur Pierre Meyer.
J'ai le pull, les lunettes et les cheveux de l'époque.
[Albert Delraux, reporter photographe, Bruxelles]

Vue du plateau de l'émission Billets doux avec les candidats en quête de cagnotte.

1. Avec Patrick Bruel, en pleine «Bruelmania», dans l'émission Billets doux.

2. Une belle complicité dans Billets doux avec Salvatore Adamo.

3. Dans l'émission Billets doux, avec Pierre Perret.

1. Avec Enrico Macias dans l'émission Billets doux.

2. Avec Jean-Jacques Goldman dans l'émission Billets doux.

3. Sandra Kim est souvent venue nous rendre visite dans Billets doux.

1

2

3

1. Mon plus grand souvenir professionnel: rencontre avec Serge Gainsbourg dans l'émission Billets doux.

2. Avec la princesse Stéphanie de Monaco dans Billets doux le 7 avril 1991.
[capture d'écran]

3. Avec la sublime Véronique Sanson dans Billets doux.

Qui est ce grand danseur classique dans le ballet final de Copie conforme?

Dans Copie conforme avec la «baronne» Annie Cordy.

1

2

3

1. Petit apéro avant
Copie conforme
avec la comédienne Micheline Dax,
Gérard Hernandez... et le sosie
du commandant Cousteau.

2. Liane Foly
dans la première série
de Copie conforme, été 1988.

3. Avec le «faux»
Charles Aznavour.
J'avais déjà reçu le «vrai»...

4. Grimé en Johnny...
comme faux candidat sosie
dans Copie conforme...

5. Avec le grand comédien
Pierre Mondy, président
du jury de Copie conforme.

4

5

Avec Pierre Rapsat
dans la tribune VIP
du Sporting d'Anderlecht.

Raymond Arets,
mon deuxième papa.

Que de disparus dans cette galerie de personnalités de la RTBF ! C'était pour une grosse campagne promotionnelle affichée sur des panneaux partout en Wallonie et à Bruxelles.

Avec Philippe, les frères Taloche, Pierre Rapsat et les frères Saive lors d'un réveillon au circuit de Francorchamps.

Avec
Marc Delire,
Michel Lecomte et
Roger Laboureur
pour un hommage
à Elvis dont nous
ne sommes pas très
fiers ! Une séquence
de l'émission
Tour de Chance
animée par
Claude Delacroix.
[Photo B. Robinet. Theux]

Avec
Stéphane Steeman
lors d'un sketch
mettant en scène
des supporters
pour l'émission
Tour de Chance
au Casino de Spa.
[Photo B. Robinet. Theux]

L'éphémère
expérience
du jeu télévisé
Fidèles au Poste.

1. En interview avec le grand Eddy Merckx au départ d'une randonnée cycliste en son hommage.

2. Je rejoue une scène du «Do-Re-Mi» de *La Mélodie du bonheur* lors d'un déplacement européen à Salzbourg. [© Bruno Fahy]

3. Avec Roger Laboureur pour la promotion de l'émission Le Quotidien des sports.

4. Avec mon ami Jean-Michel Saive lors de la fête mémorable organisée à l'occasion de mes 40 ans.

5. Avec François Pirette, donnant le coup d'envoi d'un match au Standard.

6. Sur la pelouse du Standard, en 2000, avec Marc Antoine Claessen, pour l'hommage à son père Roger Claessen. Ce dernier vient d'être élu Standardman du siècle.

Une fois n'est pas coutume,
je commente un match
pour la télévision au Standard.

1

2

3

4

5

6

7

8

1. Avec mon ami Stephan Streker avant un match des Diables Rouges au stade Roi Baudouin.

2. Avec un sympathique supporter noir-jaune-rouge dans le camp de base des Belges à Mogi das Cruzes au Brésil.

3. Dans l'avion pour la Coupe du monde en Russie avec mon collègue Rodrigo Beenkens.

4. Moi aussi j'ai marqué un but à la Coupe du monde 2014 au Brésil !

5. Que de belles aventures vécues avec mon complice, collègue et confrère Manuel Jous en reportage radio !

6. Avec Léon Semmeling, véritable icône du Standard.

7. Avec la future double championne olympique Nafissatou Thiam au meeting de Liège.

8. Coupe du monde 2014 au Brésil. J'interviewe le défenseur Daniel Van Buyten au camp de base des Diables Rouges.

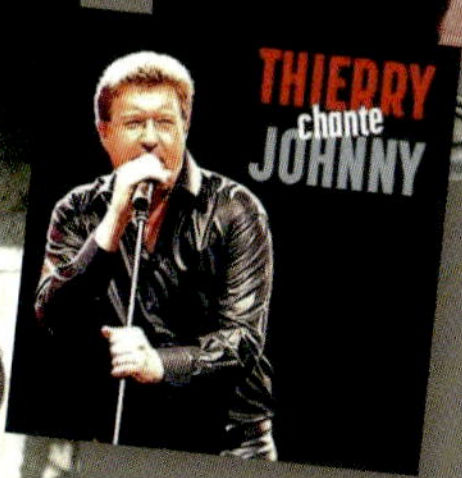

1. L'affiche de mon spectacle hommage « Thierry chante Johnny ».

2. Il y a de très jeunes fans qui viennent me saluer après un concert : une de mes photos préférées.

3. Un passage très « rock and roll » de mon spectacle hommage à Johnny. Avec le guitariste Jean-Paul Furnémont et le saxophoniste Thibault Collienne.

Dans l'émission
Le Grand Cactus
avec les chroniqueurs
Livia Dushkoff et David Jeanmotte.

Avec mon ami Jérôme de Warzée
juste avant l'enregistrement
d'un Grand Cactus festif de Noël
malgré le confinement...

Avec mon ami Kody,
comédien de génie et véritable
locomotive du Grand Cactus.

CHAPITRE 9
MON FRÈRE PHILIPPE

Philippe a toujours été très précoce: il a été engagé à la RTBF à 20 ans, il s'est marié à 22 ans, il est devenu père à 24 ans et grand-père à 47 ans. Il nous a quittés à l'âge de 52 ans. Le 30 novembre 2007 précisément, un vendredi noir à tout jamais dans ma mémoire. Emporté par un cancer foudroyant. Il s'est pourtant battu comme un beau diable face à cette satanée maladie. Avec détermination et avec lucidité. «Tu as une chance sur 100000 que cela t'arrive, mais quand cela t'arrive, c'est du 100 %», me répétait-il. Dès le départ, je savais que c'était foutu, irrémédiable. Pas besoin d'en parler entre nous. Notre complicité était telle qu'il savait que je savais. Ne jamais lui demander «Comment ça va?», mais plutôt «Comment te sens-tu?». D'autres, dans la famille, vivaient davantage dans le déni. Mais, face à la maladie d'un proche, chacun va à son rythme. Il en va de même dans le travail de deuil quand l'irréparable est arrivé. Le mien n'a été rendu possible que grâce à ma compagne de l'époque, Catherine, et au professionnalisme d'un psychiatre remarquable. Sans quoi, j'aurais peut-être sombré... qui sait?

On s'en doute, les funérailles furent terriblement éprouvantes. Mais je me devais de trouver les ressources nécessaires pour lui adresser un dernier adieu en public. Mon discours vint après ceux de ses amis Guy Lemaire et Jean-Pierre Hautier, lui aussi parti bien trop tôt, quelques années plus tard. Tous ceux que «Philou» (j'aimais l'appeler de la sorte) avait lancés dans ce métier étaient présents: François Pirette, les frères Bruno et Vincent Taloche, Pierre Theunis, Armelle. Et puis tous ces artistes qu'il aimait tant et qui le lui rendaient bien: Adamo, Jean Vallée, Claude Barzotti, d'autres sans doute, mais ma mémoire est brouillée. L'avant-veille de son décès, il conversait encore au téléphone avec sa grande amie Annie Cordy qu'il appelait affectueusement la «baronne» depuis que le roi l'avait anoblie. Pendant plusieurs jours, les hommages ont fusé de partout pour saluer la mémoire d'un homme droit, respectueux, sympathique, convivial et professionnel. Moins d'un mois plus tard, j'accueillais toute la famille, chez moi, pour le réveillon de Noël. Ce fut une soirée étrange où le nom de Philippe ne fut jamais prononcé. Lors de l'inauguration de Média Rives (les nouveaux bâtiments de la RTBF-Liège) en 2011, j'avais espéré, dans ma candeur naïve, que le nouveau studio télévisé serait baptisé de son nom. Ne fut-ce qu'en hommage à son apport au divertissement à Liège, pendant tant d'années. Il n'en sera rien. Aujourd'hui, pour moi, la question n'est plus de savoir si je pense à lui tous les jours, mais bien combien de fois par jour. Sa disparition a été un choc brutal. Il était mon frère, mon ami, mon complice, mon confident des bons et des moins bons jours, mon «double» (quoique paradoxalement très différent). Moins de quatre ans nous séparaient et nous travaillions dans la même entreprise et dans le même secteur. Cela devait fatalement nous rapprocher, mais, à ce point-là, cela avait quelque chose d'étonnant. Depuis ce destin funeste, je pense que j'ai profondément changé. Tombant parfois, je le confesse, dans une forme de misanthropie. Oui, je considère aujourd'hui encore que tout cela était tellement injuste pour un homme qui ne fumait pas, ne buvait pas, mangeait bio, allait dormir tôt tous les soirs et pratiquait le sport, à savoir le golf avec sa chère épouse, Ginette, avec laquelle il a formé un couple fusionnel pendant trente ans. Bref, l'application parfaite de la maxime latine *Mens sana in corpore sano*.

Il me manque beaucoup et, dans certaines situations de vie, je me dis «Tiens, quel conseil m'aurait-il donné?». Vous ne me croirez pas, mais, une fois, une voix intérieure m'a soufflé une réponse qui aurait parfaitement pu être la sienne.

Notre complicité était intense, chaleureuse, sans faille. Jamais la moindre tension, jamais la moindre ombre au tableau. On se téléphonait quasi quotidiennement. À tous moments, on pouvait improviser des quiz sur tout et n'importe quoi! Je le faisais aussi beaucoup rire, je crois qu'il était vraiment mon meilleur public. On a vécu tellement de belles choses, ensemble. Aujourd'hui, il n'y a plus que les beaux souvenirs qui remontent à la surface. Souvent, par erreur, les gens m'appellent encore Philippe. Ils sont alors très embarrassés, mais je les rassure aussitôt, ce n'est pas grave. Au contraire, je trouve qu'en prononçant son nom, on continue à le faire vivre. Après tout, on nous a confondus l'un et l'autre pendant tellement d'années. Beaucoup de personnes pensaient même que nous étions jumeaux. Mais la ressemblance était moins frappante dès lors qu'on nous voyait côte à côte.

Son souvenir est perpétué et sa mémoire saluée lorsque la troisième chaîne de la RTBF diffuse ses anciennes émissions de variétés comme Swing, Videogam ou encore Cœur et pique. Quelle émotion de le revoir par la magie des archives du petit écran ! Mais quel bonheur aussi ! Et quel plateau d'artistes il recevait à chaque fois ! Tous les plus grands de la chanson française, quasiment sans exception, sont passés dans ses émissions liégeoises, sur la scène du Palais des Congrès ou du Forum. Mais Philippe avait aussi envie d'autre chose. La production l'attirait autant que la présentation. Il avait pratiqué les deux disciplines. Mais cumuler les deux, en même temps, c'était devenu très difficile. Comme il n'était pas « accro » à l'antenne (ce qui est très rare dans notre métier), il avait décidé de se consacrer presque exclusivement à la production d'émissions diverses et variées : variétés, jeux, soirées thématiques, talk-show ou encore Signé Taloche. À la fin de sa vie, il croyait de plus en plus au concept d'*infotainment*. Des programmes de divertissement avec un contenu informatif. C'est dans cet état d'esprit qu'il avait lancé l'émission Bonnie & Clyde, présentée par le duo Jacques Mercier-Armelle avec le talentueux dessinateur Pierre Kroll (un bon copain des frères Luthers) dans un rôle de sniper à la Laurent Baffie. L'idée n'était pas mauvaise, mais l'émission n'a pas bien marché en termes d'audiences. Cela le tracassait alors que la maladie commençait à l'affaiblir sérieusement. Même si, chose incroyable avec le recul, il a continué à travailler jusqu'à un mois de sa disparition !

Pendant des années, Philippe m'avait appelé dès qu'il avait un projet en chantier ou, tout simplement, une idée de création en tête. On se voyait, on en parlait et on y réfléchissait dans d'interminables, mais passionnantes, séances de brainstorming. Il aimait avoir mon avis comme j'aimais avoir le sien.

Alors que nous occupions le terrain du divertissement télévisé « à distance », lui à Liège et moi à Bruxelles, nous n'avons finalement que très peu travaillé ensemble en présentation. Je me souviens d'une soirée de Nouvel An en direct depuis l'Opéra royal de Wallonie. Et aussi d'une animation en duo pour la soirée des Antennes de Cristal, la distribution des prix de l'audiovisuel belge. Invité de l'émission, Julien Clerc avait souri en nous voyant arriver tous les deux à la répétition. À ce propos, petite parenthèse. Julien Clerc était vraiment l'idole de Philippe. Mon frère avait imaginé une série d'émissions intitulée Musiscope. L'idée était de rencontrer des artistes dans un endroit qu'ils choisissaient eux-mêmes. Ainsi, Serge Gainsbourg l'avait reçu, chez lui, à Paris, dans son fameux hôtel particulier de la rue de Verneuil. Jacques Higelin, qui aimait beaucoup Philippe, avait choisi un vieux manoir en ruines où des filles dévêtues servaient du vin dans des têtes de mort alors que, non loin de là, un puma se promenait en semi-liberté... Cette soirée avait, à juste titre, beaucoup marqué mon frère ! Julien Clerc, lui, avait simplement reçu l'équipe de Philippe dans sa chambre d'hôtel. Et, pendant l'interview, il était resté au lit. Chaque fois que j'entends Julien Clerc, et plus spécialement la superbe chanson « Ma préférence » avec le texte de Jean-Loup Dabadie, je suis assez ému, je l'avoue.

Un jour, Philippe me lance un défi pour l'émission Tour de Chance, enregistrée au Casino de Spa : jouer un sketch en duo avec Stéphane Steeman, l'humoriste belge numéro 1 de l'époque ! Il triomphe alors avec son personnage de « Madame

Gertrude» dans l'émission Bon week-end sur la RTBF. Je relève le challenge. Me voilà donc en répétition chez Stéphane, que je connaissais par ailleurs déjà bien. Nous sommes dans sa maison, à Uccle, avec sa charmante épouse Régine. C'est un véritable musée consacré à ses passions diverses: Tintin, Brigitte Bardot, le dessinateur Raymond Peynet, Sacha Guitry. Car Steeman est un collectionneur compulsif. Il est vrai qu'il dispose de quelques moyens puisque son papa a, notamment, écrit *L'assassin habite au 21*, un des fleurons du roman policier et classique du cinéma français. Pendant cette séance de travail, nous écrivons à quatre mains un sketch original sur le football et la rivalité ancestrale qui existe entre Anderlecht et le Standard. Lui, le Bruxellois, en supporter des Mauves; moi, le Liégeois, en supporter des «Rouches». À Spa, avant de monter sur le plateau, j'ai un trac de dingue. Je suis quand même en face d'un grand habitué de la scène et d'un humoriste de renom. Stéphane Steeman a été adorable avec moi et tout s'est admirablement déroulé.

À titre personnel, mon plus grand souvenir avec Philippe demeure la présentation de la soirée des cent ans du Standard. Nous sommes en 1998 dans un stade de Sclessin en pleins travaux de rénovation en vue du futur Euro 2000. Pour fêter dignement le centenaire du club, la nouvelle direction liégeoise (le tandem Robert Louis-Dreyfus-Lucien D'Onofrio) avait mis les petits plats dans les grands en important en bord de Meuse le concept de Night of the Proms, qui avait fait les beaux soirs du Sportpaleis d'Anvers. Le concert réunit un orchestre symphonique et différents artistes de variétés. Le plateau était de grande qualité: Gloria Gaynor, Axelle Red, Patricia Kaas, Patrick Bruel, Umberto Tozzi, Roger Hodgson (ex-chanteur du groupe Supertramp), John Miles, l'auteur du tube «Music», qui nous a quittés en décembre 2021. Chaque artiste interprétait trois titres avec l'orchestre. Mais Jan Vereecke, propriétaire du concept des «Proms» et directeur du Sportpaleis, a commis une petite erreur de programmation. Il avait en effet placé Bruel en deuxième position, soit trop tôt dans le déroulement de la soirée, vu que Patrick Bruel était alors l'incontestable tête d'affiche pour le public liégeois. Avec mon frangin, nous lui en avons fait la remarque après la répétition. Mais Vereecke n'a rien voulu entendre. Le concert se passe admirablement bien. Puis arrive le bouquet final de la soirée. Tous les artistes reviennent sur scène pour une interprétation collégiale de «Hey Jude», l'immortel tube des Beatles. Mais Patrick Bruel, sans doute pas très satisfait de l'agencement de la soirée, était déjà parti...

Pour ce concert, 12000 spectateurs avaient rallié l'enceinte de Sclessin. C'était beaucoup trop peu! Il en aurait fallu 20000 pour couvrir les frais de plateau et de revêtement de la pelouse. Le club a perdu pas mal d'argent dans cette aventure. Mais pour moi, cela reste un superbe souvenir.

Aujourd'hui, Philippe est toujours bien vivant dans nos cœurs et dans nos esprits. On évoque souvent des souvenirs avec lui dans les fêtes de famille. Il a vraiment de superbes enfants. Maud et François sont aujourd'hui des adultes sympathiques, équilibrés et bien dans leur peau. Un regret toutefois: mon frère n'aura pas connu ses deux derniers petits-fils, Gaspard et Félix, qui ont pour mission de perpétuer la dynastie des Luthers! Tâche qui incombe aussi à mon neveu Timothée, le fils de mon frère aîné Albert, puisque je n'ai pas d'enfant. À propos de notre nom, je me suis parfois demandé si nous ne descendions pas du pasteur protestant Martin Luther. D'autant que ce dernier a eu une descendance. Mon père avait entrepris jadis quelques recherches généalogiques. Mais impossible de remonter, scientifiquement, jusqu'au XVe siècle... Quoi qu'il en soit, notre nom figure dans la Bible traduite en allemand par le père de la Réforme : «*Die Bibel nach Martin Luthers Übersetzung.*» Mon nom figure donc dans les nombreuses chambres d'hôtel de par le monde où des bibles traînent dans les tiroirs de certaines tables de nuit. La gloire universelle en quelque sorte !

CHAPITRE 10
LES AMIS DE TOUJOURS

J'ai, paraît-il, des milliers d'amis. Des gens qui pensent bien me connaître pour m'avoir souvent accueilli dans leur salon par le truchement du petit écran. Ce décalage est parfois savoureux. Certaines personnes qui m'ont rencontré une seule fois dans leur vie me reprochent gentiment de ne pas les reconnaître. Déjà que je ne suis pas très physionomiste alors, de grâce, ne me demandez pas l'impossible ! Pour le reste, je suis très respectueux des téléspectateurs et toujours très touché par l'affection que les gens me témoignent. Et je ne refuserai jamais un *selfie* à une personne qui me le demande.

En réalité, j'ai énormément de connaissances, beaucoup de copains et une poignée d'amis. Une sorte de cercle assez restreint, de garde rapprochée. Mes amis sont très différents les uns des autres, mais ils ont un double point commun : la culture et l'humour. Deux conditions aussi importantes pour moi que la fidélité et la disponibilité, deux vertus essentielles dans une relation amicale.

Dans cette galerie de personnes qui me sont chères, il y a d'abord les valeurs sûres et de longue date. J'ai déjà parlé de Marc. Puis, Bernard, l'historien. Mon témoin de mariage et inversement. Épicurien, volontiers parfois un peu caustique, compagnon de parties de cartes mémorables à l'université. Sans doute mon plus ancien pote. Patrick, le psy. Calme, très intelligent, passionné de boules, un peu introverti. Patrick a un peu galéré ces derniers temps, mais son moral reste bon. Il pourra toujours compter sur moi et il le sait. On a vécu pas mal de bons moments ensemble. L'autre Patrick, le journaliste d'investigation. Un vieil idéaliste de gauche parfois un peu perdu dans cette époque. Attachant, drôle, impertinent, très cultivé, le parcours parfait de l'autodidacte. Sacha, avocat et artiste. Il a connu de gros problèmes de santé ces derniers temps. Mais il est coriace. Un garçon très vieille France, charmant, élégant, attendrissant. Philippe, journaliste et parfois imprésario. On a passé d'inoubliables vacances à Agadir. Calme, posé et avec un certain recul sur les choses de la vie. Et puis il y a le petit dernier, Michaël. Professeur d'université, criminologue. Très drôle, très intelligent, avec aussi un brillant esprit de synthèse et, enfin, le roi de la répartie. Toutes ces personnes sont indispensables à mon équilibre. Et puis il y a un gars sur Terre que je ne vois pas assez, hélas. Il est pourtant mon jumeau cosmique : Luc Luthers. Je m'explique. Je suis né le 26 mars 1959 à 14 heures à la clinique Beauregard, devenue aujourd'hui l'école d'HEC Liège. Mon père part aussitôt fièrement me déclarer à l'état civil. Il donne mon nom et l'employé lui répond :
— « Luthers ? On est déjà venu ce matin ! »
— « Impossible, dit mon père, j'arrive tout droit de la maternité. »
— « Vous habitez bien boulevard Émile de Laveleye, à Liège ? », continue l'employé.

— « Oui c'est cela. »
— « Eh bien je vous confirme qu'on est venu fin de matinée pour la naissance de Luc Luthers. »
— Mon père demeure interdit : « Mais mon fils, on va l'appeler Thierry et non Luc. »

On vérifie les deux adresses. Les parents de Luc habitent au 87. Les miens au 62. Voilà donc l'origine de la confusion. Il y avait une chance sur un million que cela arrive et c'est arrivé ! Deux bébés nommés Luthers dont les parents habitent le même boulevard à 150 mètres de distance dans la même ville sont nés le même jour à trois heures d'intervalle ! Incroyable, mais vrai !

Mes parents reçoivent des félicitations pour la naissance des jumeaux. Cocasse. Il faudra encore attendre quelques mois pour que la connexion s'établisse entre les deux familles. Oui, nous sommes bien parents. Luc est mon arrière-petit-cousin. Il deviendra rapidement, avec ses frères Michel et Pierre, de joyeux compagnons de jeu pendant mon enfance et mon adolescence. Dans les mouvements de jeunesse et dans leur grand jardin, théâtre de nombreuses compétitions sportives !

À côté de ces amis, j'ai aussi une amie, Myriam, une ancienne collègue de la RTBF-Liège où elle dirigeait la discothèque avec maestria. Une grande amie de Philippe aussi. On se téléphone souvent, on déjeune ensemble. Elle est drôle, parfois piquante. Avec elle, pas moyen de s'ennuyer. Bref, c'est mon amie...

Enfin, dans le cercle de mes connaissances, il y a mes voisins de banc en primaire et en humanités. Ils ont accompli l'un et l'autre un remarquable parcours professionnel. Laurent est un homme très intelligent. Ingénieur et ingénieux, il a brillamment réussi dans les affaires, notamment en créant puis en revendant (très bien) la société liégeoise EVS spécialisée dans les nouvelles technologies. Il est à la tête aujourd'hui d'un groupe industriel qui prospère, surtout dans le domaine immobilier. Philippe, mon copain de l'athénée de Chênée (où il brillait dans tous les cours), avocat de formation, est lui aussi un businessman de très haut vol. Il est aujourd'hui le propriétaire du salon Batibouw à Bruxelles et du prestigieux établissement le Crazy Horse à Paris. Laurent et Philippe, qui se connaissent bien par ailleurs, sont riches, infiniment plus riches que moi.

Sont-ils pour autant plus heureux ? Je me pose parfois la question. Et, franchement, je ne le crois pas. Faire une carrière à la RTBF, c'est choisir un « cursus » dans la fonction publique. Et, forcément, ce n'est pas très lucratif. Mais c'est néanmoins enrichissant à bien d'autres égards. Cette vie professionnelle m'a apporté tellement de joies que je suis heureux, et fier, quand je jette un coup d'œil dans le rétroviseur. Savourons à présent les joies de la retraite. Mais, entre deux séjours à l'étranger, je resterai évidemment actif dans mes autres domaines de prédilection : le chant, les conférences et l'écriture. Comme dirait l'autre, pour moi la vie va commencer après avoir évoqué autant de jolis « souvenirs, souvenirs ». Pas de doute : Johnny m'accompagnera toujours. Car, après cette longue période de disette artistique, l'envie de remonter sur scène est devenue irrépressible. En route pour de nouvelles aventures artistiques… le plus vite possible.

Thierry Luthers, le 6 février 2022.

Table des matières

Préface 7

Introduction 11

Chapitre 1
De la mélodie du bonheur à Poil de carotte 13

Chapitre 2
Du pain et des jeux 23

Billets doux 30
Copie conforme 39
Eurovision 43
Débuts inattendus au JT 45
Le Grand Cactus 46

Chapitre 3
En route vers le sport 53

Les potes du sport 55
La magie de la radio 59
Le but de Bolat 62
Avec les Diables Rouges 67
De Voronej à Erevan 69
Brésil 2014 71
Euro 2016 74
Des rois sans couronnes? 76
Russie 2018 77
Un Euro sous le signe de la COVID 79
Le Milieu du terrain 80
Jean-Mi, Justine, Tia et les autres 86
Pékin 2008 90

Londres 2012 93
Le métier de journaliste 97
Une princesse à Francorchamps 98
Stop au tabac 101
Un peu de tout 103
De grands dirigeants belges 104

CHAPITRE 4
LES AMIS DISPARUS 109
Pierre Rapsat 109
Raymond Arets 114

CHAPITRE 5
MA VILLE DE LIÈGE 119

CHAPITRE 6
MES IDOLES: BOB ET JOHNNY 125
Bob Marley 126
La passion Johnny 129
Ma (non)-rencontre avec Johnny 139

CHAPITRE 7
LES TOMBES DE GENS CÉLÈBRES 143

CHAPITRE 8
«DEUXIÈMES COUTEAUX» ET «NANARS» 153

CHAPITRE 9
MON FRÈRE PHILIPPE 177

CHAPITRE 10
LES AMIS DE TOUJOURS 185